薪水追不上物價、投資踩雷不敢動？
先搞懂錢怎麼玩你，才有機會翻身！

你不是月光 是被割光

MASTERING MONEY
NOT SERVING IT

崔英勝 著

你拚命賺錢，為何依舊追不上變動的生活成本？
不是你不夠努力，而是整個經濟規則早就悄悄改寫

目錄

序言：當經濟學走進便當店與生活現場 ………………… 005

第一章　價格怎麼決定的？
　　　　—— 從市場到便當店的經濟學 ………………… 009

第二章　薪水從哪裡來？
　　　　—— 勞動市場與生產力的報酬邏輯 ……………037

第三章　你買的東西為什麼變貴？
　　　　—— 通膨、成本與全球市場影響 ………………065

第四章　企業怎麼賺錢？
　　　　—— 利潤、規模與策略的財務解剖 ……………095

第五章　我們怎麼參與世界經濟？
　　　　—— 貿易、出口與外資的連結 ……………………125

第六章　你買東西的方式怎麼變了？
　　　　—— 平臺經濟與資料驅動商業 ……………………151

目錄

第七章　風險怎麼被管理？
　　　　──保險、投資與避險的邏輯 ………………… 177

第八章　制度怎麼影響經濟？
　　　　──政府、政策與規則的經濟學 ……………… 207

第九章　經濟與生活怎麼交錯？
　　　　──社會結構與日常經濟的內外圈 …………… 241

第十章　明天的錢會怎麼流？
　　　　──趨勢、科技與經濟未來 …………………… 269

序言：

當經濟學走進便當店與生活現場

在你猶豫是否多花五元加一顆蛋的那瞬間，其實已經踏入了經濟學的世界。價格不是由老闆單方面決定，而是由你與他之間的默契、市場供需、全球原料行情與政府政策共同織成的結果。這本書從這個問題開始思考：經濟學離我們到底有多遠？

傳統上，經濟學常被視為艱澀理論的領域，圍繞著 GDP、通膨、利率與股票市場。然而，這些看似宏觀的數據背後，其實都藏著一件事：我們的生活如何被決定，我們的選擇如何被形塑，我們的收入、支出、風險與未來，究竟被哪些看不見的手所操控。

在本書中，我們嘗試用最生活化的語言，重新解構經濟邏輯。我們走進雞排攤、早餐店、夜市與超商，也探討 AI、數位貨幣與全球供應鏈。我們談的不只是價格、利潤與補貼，更重要的是：在這個世界裡，誰有選擇的自由？誰在負擔決策的代價？

本書反映了一個簡單但重要的問題──錢不是從天上掉下來的。它有來源、有流動、有設計，也有偏誤與不公。當我們從便當價格聊到年金制度，從蛋價上漲分析到氣候變遷稅制，我們的目的不是讓你變成經濟學家，而是讓你成為一個能理解這個社會邏輯的生活者。

本書面向的是一般上班族讀者，特別是女性工作者，她們既是家庭經濟的主理人，也是產業變革的參與者。我們希望在這本書中，能以溫柔但犀利的語言，陪你理解生活的每個經濟環節──不論是月薪結構的形成、租屋與

序言：當經濟學走進便當店與生活現場

買房的抉擇、或是餐飲業的價格策略，背後其實都有理論可循、有制度可以拆解。

全書共十章，每章探討一條貫穿我們生活的經濟主軸——從價格、薪資、通膨、利潤、貿易、平臺、風險、制度、生活到未來，沒有艱澀的公式，只有實際的場景與臺灣的在地脈絡。

我們也刻意打破許多「一本經濟學書」常見的分類法。比起從生產要素與市場結構切入，我們更在意的是便當為什麼變貴、雞蛋為什麼搶不到、你付的電費是誰決定的、你投資的 ETF 其實在承擔什麼風險。我們不是要教你怎麼致富，而是希望你能理解你所處的位置，與那條看不見的錢流動路徑。

在資料來源上，本書蒐集了統計資料、產業報告、新聞事件與學術文獻，並盡可能將 2020 年後的真實案例融入分析，讓你讀到的是「現在進行式」的經濟學。我們也引用了經濟學經典理論與行為經濟學、心理學、社會學等跨域觀點，因為我們相信，現代經濟早已不是數字與模型的世界，而是一個牽涉信任、情緒與文化的複合體。

我們所面對的經濟問題，往往不是「怎麼賺錢」這麼單純，而是「為什麼我還是不夠」。當物價上漲，薪資停滯、租金高漲、保險壓力來襲，我們要的不只是理解，更是方法與同理。

因此，每一章節除了理論說明與制度分析，更重要的是：把場景設在你每天會經過的街角——早餐店裡的菜單價格、夜市小攤前的行銷設計、辦公室裡薪資結構的未說出口，或是超商裡熟悉卻總是微調的物價。這些場景，不只是觀察點，更是我們的經濟現場。

從雞排到共享經濟，從國際貿易到社群平臺，從退休年金到青年創業，每一節內容都經過實際案例交叉驗證，並將數據視為對話的起點，而非結論的證明。我們試圖讓這本書變成一份你能夠帶進日常、對話與決策的工具書。

　　這是一本談經濟的書，但它不只關心經濟。它關心的是生活的可負擔性、工作的穩定性、政策的可理解性，以及我們是否還有選擇的空間。

　　閱讀這本書，也許你會發現：你不是沒錢，而是這個系統設計得讓你永遠覺得不夠；你不是不懂經濟，而是沒人用你懂的方式說給你聽。

　　願這本書，能成為你對抗不透明與無感知世界的第一步。

序言：當經濟學走進便當店與生活現場

第一章

價格怎麼決定的?
── 從市場到便當店的經濟學

第一章 價格怎麼決定的？—從市場到便當店的經濟學

第一節 供需曲線的日常：雞排價格為何每年都變？

雞排與經濟學的第一次接觸

在臺灣，幾乎每個人都有過點雞排的經驗。不論是在夜市、連鎖炸雞店，或是巷口自營攤車，這片香氣四溢、炸得金黃酥脆的雞排，不只是國民小吃，更是市場價格運作最生活化的展現。你可能會發現，雞排在某些時候一年可以漲個 5 元、10 元，卻很少回跌。這背後牽涉的，正是最基本的經濟理論 —— 供需曲線（Demand and Supply Curve）。

供需理論的基礎觀念

根據初階經濟學理論，商品價格由市場上「願意購買的人數」與「供應的商品數量」共同決定。當需求上升而供給不變時，價格會上漲；相反，若供給增加而需求不變，價格會下跌。這樣的理論在學術上雖然簡單明瞭，但在真實生活中，則受到許多因素交織影響。例如：消費者的期待價格、商家的成本考量、替代品的出現等，皆會影響最終的市場價格，讓供需曲線的理論操作出現彈性。

實例觀察：雞排價格如何上漲

讓我們以 2022 ～ 2023 年間的臺灣雞排價格變動為例。根據主計總處與農業部資料，當時臺灣雞肉的進口價格與本地養殖成本同步上揚，主要受到

第一節　供需曲線的日常：雞排價格為何每年都變？

國際玉米、大豆等飼料原料價格飆漲影響，再加上烏俄戰爭導致全球供應鏈緊張，進一步推升生產成本。農業部指出，白肉雞的飼料成本約占整體成本的六成以上，飼料價格的波動對價格形成影響甚鉅。

除了原料之外，油價與能源成本的上升也加重了炸物業者的營運壓力。根據中油資料，2023 年煉油用食用油的價格較前一年有明顯增幅，部分民間估算年漲幅超過兩成，而液化瓦斯價格亦有調整，增加餐飲業者在烹調過程中的開支。

物流方面，貨運人力吃緊與配送成本上揚，也讓雞排的運輸與儲存成本進一步墊高。這些原物料、能源、人工與物流的疊加效應，最終反映在消費者端的售價上，使得「一片雞排變貴」不僅是物價通膨的表象，更是整體供應鏈壓力的集中展現。

人潮回流與需求激增的影響

在需求方面，隨著疫情趨緩與社交活動回溫，夜市與學區周邊的消費人潮逐漸回流，雞排等即食炸物的市場需求也迅速回升。以臺北市士林夜市為例，部分攤商反映，平均日銷量自疫情高峰期的約 180 片回升至疫情後的 300 片以上。學生與上班族的晚餐、宵夜需求恢復，加上外送平臺祭出運費優惠與折扣券，也刺激了即時消費與衝動購買。

這種「人回來了、胃口也回來了」的現象，本質上反映的是一種典型的「需求曲線右移」：在各種價格水準下，整體市場對雞排的購買意願同步提升。需求的快速上升，遇上供應端的相對遲緩，便容易導致價格攀升。

另一方面，許多中小型攤商在疫情期間選擇歇業或轉業，使得市場供應短期內無法全面復原。供應減少、需求增加，使雞排市場呈現「結構性供不

第一章　價格怎麼決定的？—從市場到便當店的經濟學

應求」，不僅推高原物料價格的壓力，也使最終售價在消費者感知上產生「全面變貴」的印象。

隱性漲價與價格背後的故事

然而，供需曲線在現實中並非總是如圖表般簡潔。舉例來說，某些攤商選擇不調價而改為縮小雞排尺寸或降低油品品質，這其實是一種「隱性漲價」，消費者往往不易察覺。這也顯示價格調整不僅受供需影響，還與行銷策略、顧客心理、競爭行為密切相關。

消費心理學中的「參考價格」理論說明，消費者會將商品價格與記憶中價格進行比較。如果某雞排店一片維持 70 元多年不變，顧客會對其產生價格信賴感，即使尺寸縮小、品質稍降，仍會選擇繼續購買。這讓業者更傾向於維持表面價格穩定，透過內容物調整達到提價效果，避免引起消費者抗拒或流失。

另外，消費者行為也受到替代品的影響。如果鹽酥雞、炸豆腐、雞塊等其他商品未同步調漲，可能會吸引顧客轉向，進一步牽動主力商品的價格空間。因此，攤商定價並非只考慮雞排成本，也必須兼顧整體產品組合與鄰近競爭者的定價策略。

價格變動中的經濟啟示

從這一節的觀察可知，雞排價格變動不僅是生活中再尋常不過的小事，也是一堂活生生的經濟課。供需曲線不是抽象公式，而是每日在菜市場、超商、早餐店中真實上演的劇本。它提醒我們，價格變動背後是整個社會、經

濟與世界互動的結果,而我們每個消費行為,也都是這條曲線上的一筆。

理解供需曲線,有助於我們做出更理性的消費選擇。例如:當看到雞排漲價,我們不必驚訝,反而可以試著理解是哪些環節在影響這個價格——是原料漲了?是需求變了?還是業者在調整商品策略?這種經濟思考能力,不僅能讓我們更清楚自己的消費位置,也有助於理解整個社會的運作邏輯。

未來當我們面對其他價格調整,如電價、房價、學費、健保費,也能套用相同的分析架構。經濟學從來不是遠離生活的知識,它就在你買下一片雞排的當下,悄悄發生作用。

第二節　價格彈性與消費者反應:為什麼蛋價漲也要買?

蛋價不跌的日常謎團

臺灣人對雞蛋的依賴幾乎已達「國民必需品」等級。從早餐店的蛋餅、便當店的荷包蛋,到夜市小吃與超市日常採買,雞蛋早已深植於庶民飲食文化。根據農業部與媒體報導,2021～2023年間,臺灣雞蛋價格歷經多次調漲,平均每臺斤從約26元上升至42元,漲幅超過六成,引發廣泛關注與社會熱議。

更令人注意的是,在價格不斷攀升的情況下,雞蛋仍然出現嚴重供不應求。許多超市與傳統市場的蛋品貨架長時間維持缺貨,出現「有價無貨」的現象,部分民眾甚至需排隊限購。這背後揭示了一個經濟學中的關鍵概念——價格彈性。

第一章　價格怎麼決定的？—從市場到便當店的經濟學

　　雞蛋屬於需求價格彈性相對低的商品，即使價格上漲，消費者對其依賴程度仍高，不易用其他食材替代。因此，短期內的價格調整對消費量的影響相對有限，也使得雞蛋在供應不足時特別容易出現搶購與惜售行為。換句話說，即使價格節節高升，需求仍難以抑制，反映了民生必需品的特殊市場特性。

▰▰ 價格彈性是什麼？ ▰▰

　　經濟學中「價格彈性」指的是某項商品價格變動對需求量的影響程度。若一項商品漲價 10%，需求量卻下降 20%，我們稱其為「高彈性商品」；相反，如果價格漲 10%，需求幾乎不變，則屬於「低彈性商品」。

　　雞蛋正是一種典型的低彈性商品。它用途廣泛，是臺灣家庭與餐飲業每日必備的食材。在缺乏即時替代品、消費習慣根深蒂固的情況下，價格的提升對購買意願影響有限，形成經濟學上所謂的「剛性需求」現象。

▰▰ 消費者心理與習慣的牽動 ▰▰

　　為何雞蛋這麼特殊？原因除了營養與用途多元，更在於其「價格敏感度低」的心理結構。根據 2022 年經濟部委託民調，超過 84% 的臺灣家庭每天使用雞蛋。對多數人來說，一顆蛋從 6 元漲至 9 元雖不悅，但因為其占整體支出比例小，消費者仍會選擇購買。

　　此外，心理帳戶效應也使得人們對雞蛋漲價反應鈍化。例如：消費者願意為一杯手搖飲花 50 元，卻對蛋價多 5 元格外有感，這是因為前者被歸類為「享受」，後者是「日常必需」，期待其維持穩定，漲價感知更強烈，卻不影響實際行為。

第二節　價格彈性與消費者反應：為什麼蛋價漲也要買？

替代品缺乏與需求剛性

雞蛋漲價時，消費者能否轉向其他選擇？理論上，豆腐、雞胸肉、牛奶等富含蛋白質的食品可以部分替代，但在料理搭配與文化偏好上仍存在局限。以早餐店為例，蛋餅、三明治、鐵板麵幾乎都需雞蛋。對業者而言，即使成本升高，也難以移除雞蛋這一核心組件，只能透過調整其他配料、縮小分量或提高整體售價因應。

這種缺乏即時替代的現象，使雞蛋的價格彈性更低，即便價格上揚，消費者仍會持續購買，形成經濟學中的「不完全競爭市場」態勢。

政策干預與市場反應

政府面對雞蛋供需失衡，常以進口補充或補貼飼料作為因應策略。然而，這些手段效果有限。以 2023 年上半年為例，農委會從澳洲、巴西等國進口雞蛋，但因為口感差異與保存問題，消費者接受度不高。此外，本地雞農面臨成本壓力與氣候干擾（如禽流感、熱浪），生產端難以快速恢復穩定。

這也顯示，在面對低彈性商品的價格問題時，單靠價格調節並不足以解決根本，必須配合產業升級、供應鏈管理與民眾預期心理的引導。

市場價格的文化維度

值得注意的是，蛋價長期穩定也形成了「社會價格預期」。消費者潛意識裡認為蛋應該便宜、穩定，因此當價格一旦超過心理門檻，就會引發「被剝削」感，即便實際漲幅不高。媒體報導與社群平臺放大這種感知，進一步讓

第一章　價格怎麼決定的？—從市場到便當店的經濟學

蛋價成為社會議題。

從經濟行為學角度來看，這屬於「群體期待錯置效應」，即整體市場行為對某類商品建立不符合成本實況的價格期待。一旦市場條件變化，如飼料成本或天然災害發生，價格便會快速回彈，引發心理落差與民怨，這種現象也發生在油價與水電費上。

經濟理論與生活選擇的結合

價格彈性理論幫助我們理解，並非所有商品對價格都敏感。有些物品如奢侈品（高彈性），一旦漲價立刻退場；有些如雞蛋、瓦斯、水電（低彈性），即使價格升高，依賴度高使人繼續消費。

這也提醒消費者，在面對物價變動時，應調整消費結構，將預算更多分配在有選擇空間的品項，降低日常必需品支出波動對生活品質的影響。同時，對政策制定者而言，也必須認知到低彈性商品不應依賴自由市場邏輯處理，反而更需要制度性的穩定政策。

為什麼還是會買？

雞蛋價格上升卻仍然熱賣，表面上是一則生活現象，實際上卻是一門深刻的經濟學題。從價格彈性到消費心理，從替代品匱乏到政策介入，每個環節都在解釋我們為什麼願意為一顆雞蛋多付幾塊錢，卻無法割捨它。

下一次走進超市，看見蛋價又漲了，不妨停下來思考：這是一個價格在告訴我們什麼？它反映的，可能不只是成本與利潤，更是你我對生活穩定的需求，與經濟運作中每一個看不見的連鎖反應。

第三節　均衡價格與缺貨現象：口罩搶購潮的真相

一夜之間消失的口罩：均衡價格的破裂時刻

2020 年初，COVID-19 疫情在全球爆發之際，臺灣社會迎來了一場始料未及的商品搶購潮。口罩，這項過去極少受到注意的日用品，突然之間變得比 iPhone 還難買。從便利商店、藥局、網路平臺到醫療通路，一夕之間貨架空空、排隊人潮四起。這場現象之所以特別，正是因為它讓我們親眼見識了一個市場在均衡價格破裂時的樣貌。

在理論上，所謂的均衡價格（equilibrium price）是供給與需求兩條曲線交會的那個點。在此價格下，市場可以達成供需平衡，不會出現大量剩餘或短缺。然而，口罩搶購潮的真實情境卻打破了這個模型的理想化。疫情的爆發導致需求曲線急遽右移，社會整體對口罩的需求不再是過去的保健考量，而變成生存焦慮；同時供給端的生產卻因突發性需求而一時跟不上，導致嚴重的供需失衡，市場價格無法自然調節至新均衡點，造成混亂與搶奪。

超出模型的情緒需求：非理性行為如何擾動市場？

經濟學模型大多假設人是理性的消費者，會根據價格與效用做出最適決策。但現實中，群體心理與恐慌情緒往往導致理論崩解。疫情初期，臺灣出現「怕買不到就先買」、「別人搶我也搶」的效應，甚至催生囤積轉賣行為。

第一章　價格怎麼決定的？—從市場到便當店的經濟學

　　這一切都指向一個問題：口罩價格本應上升來抑制過度需求，然而在道德與法律介入之下，價格被凍結或上限管制，原本市場應有的調節功能失靈，導致所謂的「短缺」(shortage)。也就是說，即使每片口罩還維持在5元、8元的零售價格，實際上消費者根本買不到。這種價格不能真實反映稀缺性的情況，也讓所謂的均衡價格失去意義。

　　此時，政府介入變得不可或缺。中央成立口罩國家隊，實施實名制購買、規劃每日配量、訂定每人每週可購數量等配給機制。這一系列政策其實等同於將市場從自由價格體制拉向「配給經濟」，以制度手段取代價格作為分配資源的主軸。

生產端的拉扯：供給曲線的彈性局限

　　口罩短缺並不只是因為買氣太高，更在於生產端短期內的彈性極低。在疫情爆發前，臺灣全國日產口罩約為188萬片，以平日需求而言已綽綽有餘；但當需求瞬間倍增數十倍時，即使價格上升，企業也難以迅速擴充產能。

　　這種供給彈性局限主要來自三方面：一是機臺需要採購、安裝與測試，非即時完成；二是專業人力訓練與調度耗時；三是原物料如熔噴不織布等皆依賴進口，亦受全球爭搶與物流限制。

　　即使在政府協助下，組建口罩國家隊、動員軍工系統與紡織業者、徵用現有工廠資源，仍需數週至數月時間才能將每日產能提升至2,000萬片以上。在這段期間內，價格失去分配功能，短缺成為常態，實名制配給則成為唯一有效的過渡制度。

第三節　均衡價格與缺貨現象：口罩搶購潮的真相

次級市場的崛起與價格歪斜

當價格管制與供應失衡並存，地下市場與網路轉售平臺迅速崛起。蝦皮、ptt、Facebook 社團中充斥著「雙倍價出清口罩」、「日本製高防護 N95 現貨」等訊息。這些轉售行為某種程度上反映了價格調節失能後，市場自行修正的試圖。

不過，這類次級市場往往伴隨品質不明、價格哄抬與社會不滿的副作用。許多民眾質疑「有錢人就能買到」、「弱勢者搶不到」的不公分配，這迫使政府進一步強化查緝與定價，甚至啟動刑責約束炒價者。

這揭示了一個事實：當主流市場價格遭到凍結，且供給無法即時擴張時，灰色市場即會應運而生，試圖以高價尋找買賣平衡點。然而，這類行為也讓價格從「經濟信號」變成「道德爭議」，進一步模糊了市場與社會之間的邊界。

教訓與啟示：當價格無法說話時

從這場口罩風暴中，我們學到的，不只是市場機制的局限，也包括人類行為的複雜性。在極端事件下，價格未必能迅速達到新的均衡點；而價格若被壓制，市場便會喪失訊息功能。

經濟學者海耶克（Friedrich Hayek）曾強調價格是最有效的分配資訊方式，因為它結合了個體需求與生產限制。然而，當市場信號遭封鎖，價格便失去指引功能。政府這時的介入不應是長期常態，而應是短期修復市場的「替代機制」。而面對此類突發需求性商品，如何建構儲備體系、設計配給標準、運用數位科技改善分配效率，將成為未來制度設計的關鍵。

第一章　價格怎麼決定的？—從市場到便當店的經濟學

　　口罩只是起點，下一次可能是快篩劑、疫苗、甚至電力、糧食與住宅。價格不只是「你願意花多少錢」，更是「這個社會如何分配有限資源」的縮影。每一次市場失衡，都是制度修正與社會溝通的機會。

第四節　不是市場說了算：民生價格背後的政策運作

誰有權力干預價格？

　　在自由市場中，價格通常由供需決定，政府干預應是例外。但當價格異常波動，特別是在民生必需品上，政府的角色往往不得不出場。在臺灣，負責物價政策協調與價格調控的核心職責，過去由「中央物價審議會」承擔，但目前已不再以單一審議會名義運作。現行制度下，行政院會視情況召集跨部會物價穩定小組或專案會議，由經濟部、農業部、衛福部、主計總處等主管機關協同討論，針對特定民生物資（如電價、油價、糧食、蛋品）進行評估與政策建議。

　　這些會議機制通常不具法定定期性，但在價格波動劇烈或民生壓力升高時會啟動，作為價格調控與政策溝通的重要平臺，並透過行政指導或補貼政策達成穩定物價的目標。

　　以 2022 年蛋價飆漲為例，政府曾多次召開跨部會專案協調會議，由行政院主導，會同農委會、經濟部與主計總處，審查雞蛋的生產、進口與運銷成本，並評估是否啟動相關價格穩定機制。雖然這類會議本身不具法律強制力，但其所提出的建議常具有高度政策指引性，並被納入實際措施中，例如限制出口、提供運銷補貼、協調業者凍漲等，以緩和民生壓力。

第四節　不是市場說了算：民生價格背後的政策運作

限價政策的經濟邏輯與兩難

限價政策表面上看是保護消費者，實際上卻是市場干預中最具風險的手段。當價格被強行壓制在市場均衡點之下，便容易產生供給萎縮與短缺問題。經濟學中將此現象稱為「價格上限造成的市場扭曲」，典型例子包括油價、電價與房租的凍漲政策。

舉例而言，2021 年因全球原油價格飆升，國內汽柴油調漲壓力劇增。為抑制民怨，政府宣布吸收部分價格波動，凍漲油價。雖然短期內穩定了物價指數，但中油因此承受數百億的財務壓力，最終仍需透過納稅人補貼或提價轉嫁成本。這類限價政策雖緊急有效，長期卻可能拖累財政或造成資源錯配。

同樣道理也適用於房租市場。為避免房東不當漲價，政府擬議凍漲方案與租金指數管理，然而在房市供需未調整前，限價只會讓出租意願下降、黑市興起或租屋品質惡化，反而損害租客權益。這顯示，限價政策若缺乏整體產業配套與資源調度，往往「治標不治本」。

調控工具有哪些？價格管制與補貼的取捨

政府並非只有限價這項選擇。實際上，其政策工具箱包括價格上限、最低價保障、直接補貼、間接稅調整、關稅減免、儲備物資釋出等。這些工具各有成本與時效性，通常需依照品項特性與市場狀況做綜合考量。

以蔬果價格為例，颱風過後高麗菜價格暴漲。政府可透過釋出冷藏蔬菜庫存、臨時進口調節、補助運輸費等方式來緩解波動。這類措施不直接干預

第一章　價格怎麼決定的？─從市場到便當店的經濟學

價格本身,但透過「間接干預供需」達到穩定效果,屬於較為溫和的政策。

此外,針對農漁產品常設「最低收購價」制度,當市場價格低於該價,政府就會啟動收購,保障農民收益並維持市場價格底線。這不僅具有社會穩定效果,也避免產業因價格崩跌而萎縮。可見價格政策不必然以干預為名,也能設計為「底部托盤」形式,讓市場與政策並行不悖。

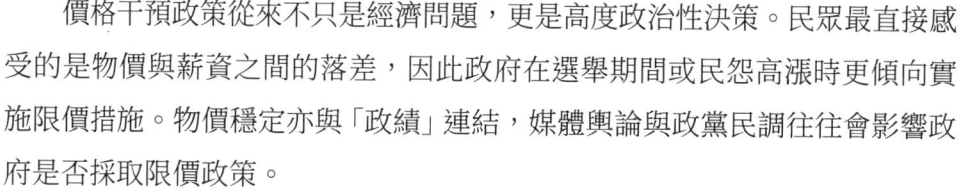

限價與民主:
政策背後的政治計算

價格干預政策從來不只是經濟問題,更是高度政治性決策。民眾最直接感受的是物價與薪資之間的落差,因此政府在選舉期間或民怨高漲時更傾向實施限價措施。物價穩定亦與「政績」連結,媒體輿論與政黨民調往往會影響政府是否採取限價政策。

這種「選舉經濟學」現象也讓限價政策失去長期規劃能力。政府若只以選票計算為導向,將使物價穩定淪為短期手段,而非制度性管理。政府若要有效發揮作用,必須超脫政治風向、強化獨立審議性,才能真正落實經濟治理。

　如何讓價格政策更科學?　
透明、數據與回饋機制

一項價格政策是否有效,關鍵在於資訊透明與**數據**支持。過去價格政策常受限於部門資訊不對稱與即時數據不足,導致政策滯後或失準。如今,透過 POS 系統、超市銷售數據、物流平臺價格演算法等工具,政府得以即時掌

握商品價格波動與市場行為,為政策提供科學依據。

此外,建立回饋機制也是關鍵。價格政策推出後,必須設有民意監測與成效評估機制,必要時應調整政策參數或轉換工具。舉例來說,若某項價格補貼在三個月內未見顯著價格下跌,應評估是否改用進口、庫存釋放或限量銷售等替代方式。

政府若能建構「資料導向政策平臺」,將市場即時反應納入政策修正過程,將能有效提升價格政策的效率與公信力,也有助於民眾理解政策背後的邏輯與限度。

價格從來不是單一部門的責任,而是一場跨部會、跨社會的協商。從雞蛋、油價到泡麵,每一個看似微小的價格波動,背後都是一套制度、社會情緒與經濟信號的交錯結果。

第五節　黑市與價格失靈:豬肉價格管制的風險

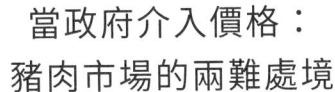

當政府介入價格:豬肉市場的兩難處境

豬肉是臺灣家庭與小吃業最常使用的食材之一。無論是三層肉滷肉飯、控肉便當,還是傳統市場的排骨湯,一旦豬肉價格發生波動,立即牽動千家萬戶的餐桌與商家的生計。由於豬肉在臺灣飲食文化中的高度依賴性,政府長年將其列為「民生必需品」進行價格監控與政策干預,然而這樣的干預,往往衍生出意想不到的後果。

第一章　價格怎麼決定的？—從市場到便當店的經濟學

　　以 2021 年臺灣豬肉價格劇烈波動為例，當年因仔豬下痢疫情、飼料價格高漲與氣候不利等因素，活豬批發價暴漲約 27%。為穩定肉價，行政部門透過跨部會機制展開協調，要求流通產業避免哄抬行情，並啟動政策支援，如設立養豬基金、協商拍賣價格監控、限制外銷等措施。

　　然而，這類行政干預雖可短期穩定物價，長期則可能壓縮市場訊號，造成供應縮減或資源錯配；若形成民眾對政府干預的依賴，也可能削弱市場調整機制的彈性。

當價格無法反映稀缺：失衡的市場訊號

　　經濟學中，價格的核心功能在於傳遞資訊：它讓買家知道什麼稀缺、讓賣家知道什麼值得生產。但當價格遭到強制凍結，這種資訊傳遞就會失效。豬農面臨飼料、疫苗、物流等成本全面上漲，卻被限制不得調漲售價，自然缺乏出貨誘因。部分豬農選擇提前宰殺、減產，另有部分轉向地下通路，以更高價格私下販售給熟客。

　　以臺灣某地傳統市場為例，部分豬肉攤商可能在公告價格之外，以口頭或私下方式開出較高的售價，並以「現宰」、「高品質」為由行銷。這種操作容易造成資訊不對稱，一般消費者僅依據公告價判斷市場價格，卻無法得知實際成交價格與條件。

　　因此，購買管道與攤商關係可能成為能否買到合理價格肉品的關鍵。這類現象反映的是：雖然市場價格資訊部分透明，但實際交易仍可能因關係網絡與內部報價而產生分配不公平。

　　更有甚者，部分中盤商為了規避官方查核，開始將部分豬肉流向網路平

第五節　黑市與價格失靈：豬肉價格管制的風險

臺、LINE 社團與批發地下通路，形成一個潛在龐大的「豬肉灰色市場」。這不僅違反食品安全規範，也讓原本應由價格決定的分配機制失效，導致真正需要豬肉的小吃業者反而配不到貨，只能被迫轉向進口肉或調漲售價。

黑市價格的成因：
需求剛性與制度空窗

黑市之所以存在，核心原因在於某類商品同時具有高度需求剛性與供給限制，而制度上又無法及時介入。豬肉正是一個完美案例。不同於手搖飲、泡麵這類可替代品眾多的商品，豬肉在便當、早餐與熱炒店中常為「不可取代的主食核心」。

當官方價格與真實成本脫鉤時，市場就會自然尋找「私下交易」來填補失衡。這時所謂的「價格失靈」不再是學理名詞，而是實際上演於夜市、菜市場、餐飲工廠之中的供應危機。餐飲業者若不能保證穩定供貨，就可能出現斷菜、偷工減料、漲價、關店等次級效應，擴大經濟衝擊。

此外，制度上的空窗也讓黑市有機可乘。價格凍漲政策多半只針對特定通路與品項，缺乏全流通鏈監控能力。例如傳統市場、批發通路、網路零售平臺之間價格落差大、標準不一，讓執法機關難以介入，成為黑市滋生的土壤。

政策的後遺症：
信任崩解與制度焦慮

價格凍漲原意為保護民生，卻因操作不當反造成社會不信任。一旦消費者察覺市場實價與官定價不符，信任感會迅速崩解，認為政府「說一套、

第一章　價格怎麼決定的？—從市場到便當店的經濟學

做一套」。這種情況不僅限於豬肉，也延伸至蛋價、油價、糧價等其他民生品項。

制度焦慮也會因黑市興起而放大。業者擔心未來政府會再度干預，不願投入長期投資，選擇短線操作甚至退出市場。例如某養豬場即因連年凍價政策導致虧損，最終選擇關場並轉向蔬果種植。這些都顯示價格干預若未與生產端溝通、缺乏彈性與補償機制，反而會削弱產業永續發展能力。

社會信任的缺口也讓謠言與陰謀論流竄。有媒體報導指稱「特定大盤商操控豬肉價格」、「政策為選舉服務」，即使未經查證，也造成政策公信力受損，進一步加劇黑市行為的正當化風險。

如何建立更彈性的價格管理機制？

要避免黑市與價格失靈的惡性循環，關鍵在於提升價格政策的彈性與透明度。首先，政府應強化動態調價機制，讓價格可以隨成本合理浮動，而非長期凍漲。可設計如浮動區間制度、調價公式公布、季節性調整策略等，讓市場預期合理化。

其次，需提升生產端的應變能力。政府可透過補貼、保價、疫病控制、飼料採購補助等方式穩定供應基礎，降低生產者對價格凍漲的抵抗心理。政策也應擴大透明溝通，讓豬農、批發商、零售業者共同參與價格形成討論，而非單方面決策。

最後，建立完整的供應鏈追蹤與監控平臺至關重要。透過區塊鏈、條碼掃描與 POS 即時監控等工具，可以快速掌握價格流動與異常波動來源，阻斷黑市管道，提高執法效率與政策公信力。

第六節　價格機制的心理學：為什麼我們對漲價特別敏感？

價格是一種語言，當它失聲，社會將混亂。豬肉價格的管制經驗提醒我們，政府不是不能干預市場，但干預必須具備制度設計、資訊透明與信任基礎，否則便會從解方變成問題本身。

第六節　價格機制的心理學：為什麼我們對漲價特別敏感？

價格感知不是理性計算，而是心理感受

我們經常聽到類似的抱怨：「昨天的便當還是 90 元，今天就 95 了，什麼都在漲！」但回頭想想，一杯咖啡從 120 元漲到 130 元，卻好像沒那麼多人在意。這種對價格變動的反應落差，其實不是單純的金額問題，而是心理機制在背後發揮作用。行為經濟學者發現，人在面對價格調整時，常常不是以「絕對數字」來感受，而是根據自己的預期、參考點與過往記憶來做出情緒反應。

根據心理學家丹尼爾・康納曼（Daniel Kahneman）與阿摩司・特沃斯基（Amos Tversky）的「前景理論」（Prospect Theory），人們對損失的痛苦感受遠遠大於對收益的快樂。因此，當我們看到價格上漲，即便只是 5 元，也會比價格下跌 10 元時感到更「痛」。這種心理偏誤讓我們對漲價格外敏感，也使得商家在調整價格時需要更加謹慎。

第一章　價格怎麼決定的？—從市場到便當店的經濟學

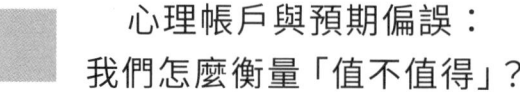
心理帳戶與預期偏誤：
我們怎麼衡量「值不值得」？

心理帳戶（mental accounting）是另一個重要概念。當我們把某項商品歸類為「日常開支」，例如早餐蛋餅或交通費時，就會對價格特別敏感。這些品項我們每天都買，每次多幾塊錢，一整年下來就會有明顯支出感。因此當蛋餅從 25 元變 30 元時，消費者的反應會比精品蛋糕從 125 元變 130 元還要劇烈。

這種感受，也與「價格預期」息息相關。消費者習慣性地將某些商品的價格內化為「正常價格」，一旦超出這個心理標準，便會產生失控感。例如：一位通勤族若長期以來搭乘公車都是 15 元，當票價調整到 17 元時，雖然僅多 2 元，卻因打破原有認知而引發情緒反彈，甚至質疑政策正當性。

同理，我們也會依據過去經驗形成參考錨點。這也是為什麼超商漲價常會掀起輿論風暴。因為超商是高度可比較、每日頻繁交易的場域，一旦價格變動，容易引發集體對「物價失控」的焦慮。

▰▰▰ 為什麼漲價比降價更容易引發情緒反應？ ▰▰▰

從神經經濟學的角度來看，漲價刺激的是大腦中與風險與痛苦感受相關的區域，特別是杏仁核與前扣帶皮質（anterior cingulate cortex）。這些區域在我們察覺「被剝奪」、「不公平」時特別活躍。這也是為什麼即使某項商品漲價合情合理，消費者仍會感到「被欺騙」或「受傷害」。

例如：當便利商店將一瓶茶飲從 25 元調整為 28 元，雖然幅度僅 12%，但消費者會將其視為「單方面改變合約條件」，產生不信任與不安情緒。相較

第六節　價格機制的心理學：為什麼我們對漲價特別敏感？

之下，若業者推出新品價格設定為 28 元，消費者反而容易接受。這說明了「漲價」與「新定價」在心理上是完全不同的接受邏輯。

同時，大腦對「失去」的反應比對「獲得」的反應更強烈，這讓商家在降價時往往難以激發同等的正面感受。消費者也不太會因便當從 95 元降到 90 元而發文感謝，卻會因上漲 5 元而抱怨連連。

不對稱反應與行銷策略的設計

這種對價格的敏感性，正是許多行銷策略背後的心理基礎。商家明白人們對「漲價」特別敏感，因此會傾向使用「縮水不加價」策略，也就是將商品分量減少或成分替換，來迴避價格上的變動。例如某品牌蛋糕從 120 公克縮小為 105 公克，價格不變，消費者不易察覺，情緒反應也較低。

另外一種是「階梯式加價」，即先從個別商品調漲，再逐步調整整體品項。這種作法可以降低消費者的整體感知。例如：飲料店先調整特定人氣口味，再慢慢推及其他產品，比起一次全面加價更容易獲得接受。

企業也會利用「參考價格」操控心理，例如推出高價商品作為錨點，使其他品項看起來相對便宜。這就是「天價主菜」的意義：不是要你買，而是讓你覺得其他商品更划算。

我們能否練習更理性的價格判斷？

面對價格變動的心理敏感，我們是否只能情緒反應？其實可以透過幾種方式練習更理性的價格認知。首先，是建立「總成本觀念」，不只看單次支出，而是從週或月來看整體變動。例如早餐漲 5 元，但如果其他開支減少，

就不必過度焦慮。

其次,是增加對成本結構的理解。若我們知道雞蛋成本、租金、物流價格都上升,便能理解商家的漲價其來有自。這不僅能降低不必要的憤怒,也能讓消費者成為更具韌性的市場參與者。

最後,是擴大替代品認識。在價格上漲時懂得切換消費選項,不只可減少支出,更是一種主動選擇的練習。這也會降低我們對價格上漲的「無助感」,強化自主性。

價格從來不只是數字,它是我們價值判斷、情緒反應與社會經驗的交會點。理解這些背後的心理結構,不只讓我們成為更聰明的消費者,也讓我們更懂得世界是怎麼運作的。

第七節　從自由到管制:價格政策背後的經濟哲學

自由市場的美好承諾與現實落差

在經濟學教科書中,自由市場總被描繪為一種能自我調節、資源最有效分配的理想機制。供需交會點自然形成價格,個人自由選擇,社會總體效率提升。然而,這種理想往往難以完全實現在真實世界。因為現實中存在資訊不對稱、外部性、公共財與市場失靈等因素,使得價格不再純粹反映價值,而經常被權力、情緒與制度牽引。

臺灣社會在多次物價危機中展現了這種落差。無論是口罩搶購、蛋價飆升、油價管制,還是房租補貼,每一次價格議題都不單是市場問題,更是政

第七節　從自由到管制：價格政策背後的經濟哲學

府角色與政策選擇的哲學展演。在這些事件中，價格從「交易信號」變成「治理工具」，也讓自由市場的信仰逐漸鬆動，轉向對公共介入的期待。

管制的正當性：何時應該干預價格？

在經濟哲學上，政府應否干預價格，取決於社會對「效率」與「公平」兩者的價值排序。自由主義者如彌爾頓·傅利曼（Milton Friedman）主張價格應由市場決定，認為價格干預將導致資源錯配與效率損失。然而，社會民主派如阿馬蒂亞·森（Amartya Sen）則強調基本生存條件與分配正義的重要，認為在貧富差距擴大、公共資源不足時，價格干預反而能提升社會福祉。

臺灣的價格政策往往採取「務實折衷」路線。例如當蛋價波動劇烈時，政府會在保護消費者與扶持蛋農之間尋求平衡，透過補貼而非凍漲來降低衝擊；又如油價浮動制，設有調節機制避免劇烈波動，同時容許市場調整。

這些實例說明，價格管制的正當性不只是經濟選擇，更是價值判斷。政府之所以介入價格，往往是為了回應社會對穩定、公平與尊嚴的期待，而非單純效率考量。

價格政策的歷史脈絡：
從國營到自由化

自 1950 年代起，臺灣經濟體系深受計畫經濟思維影響。為因應戰後重建與社會穩定需求，政府透過經濟部、糧食局、農糧署等機關，對米價、蔬果、石油與電力等重要民生物資實施強力價格管制。當時價格政策主要目標在於保障基本生活、穩定民心與防止通膨。

第一章　價格怎麼決定的？—從市場到便當店的經濟學

進入 1980 年代後，隨著市場機制逐漸成熟，產業自由化與國際接軌改革啟動，政府開始逐步放鬆對價格的直接控制。以電價為例，1990 年代以前長期維持凍漲，成為政治考量下的「民生凍漲品」。然而，當發電成本上升、台電財務虧損擴大後，政府遂導入「電價費率公式」，使價格機制部分回歸市場，反映成本結構。同樣地，天然氣、郵資、水價等也經歷了從高度管制走向浮動調整的制度轉型。

這段歷史顯示，價格政策從來不是一成不變的教條，而是取決於國家發展階段的政策工具選擇。在市場尚未成熟時，價格管制確實是穩定秩序的重要手段；但在市場制度逐漸完備後，過度干預反而可能扭曲訊號、降低效率。因此，價格自由與政府管制並非對立，而是應隨時勢調整的動態平衡。

民主社會下的價格政治：價格如何成為民意導向？

在民主社會中，價格問題從來不只是市場機制的產物，更具有高度的政治敏感性。當民眾對物價變動出現強烈感受，價格政策便不可避免地受到政治壓力牽動。以 2023 年臺灣選舉前夕為例，房租上漲與超商民生商品調價成為輿論焦點，執政團隊面對「物價失控」的批評，迅速展開跨部會協調，促使部分業者凍漲、延後漲價，並搭配特定補貼措施以穩定民心。

這類政策反應並非完全基於經濟理性，而是一種典型的「民意導向型價格治理」：價格不僅是商品的交換數字，也成為政績表現與施政信任的象徵。一旦媒體放大消費者的不滿與焦慮，價格就會轉化為政治意涵的傳輸載體，成為執政者施政表現的風向球。

第七節　從自由到管制：價格政策背後的經濟哲學

因此，政府常採取「緩衝式干預」策略，例如與零售通路協議漲價時點、針對原物料成本提供補貼，或設置臨時價格上限等措施。雖然這些做法難以從根本解決成本上升的壓力，也未必符合市場效率原則，但在民主制度下，這些務實手段反映的是對民意的快速回應與政治穩定的考量。

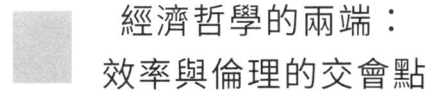

經濟哲學的兩端：效率與倫理的交會點

在價格問題上，效率與倫理往往衝突。高效率的市場或許能快速達到資源分配最適，但也可能犧牲弱勢族群的權益；而強調倫理與照顧的價格政策，則可能降低市場激勵與創新誘因。這兩端之間的平衡，就是價格哲學的關鍵。

例如：低收入家庭若因米價、油價飆漲而無法負擔基本生活，整體社會將陷入「效率過剩、正義不足」的悖論。相反，若政府對所有價格全面干預，長期則可能抑制產業競爭與服務品質，讓社會進入「保障過度、資源停滯」的困境。

因此，真正的經濟智慧不在於選邊站，而在於辨識情境、設計制度。政府應以「選擇性干預」與「彈性配套」方式，讓價格既能反映成本，也能顧及公平。例如：在雞蛋短缺時提供特定補貼而非全面凍漲，在房租議題上輔以租屋補助而非壓制市場租金。

價格政策，是經濟思維與社會哲學的交會點。理解其背後的邏輯，不只是為了應對一時的物價波動，更是建立一個理性、彈性與正義共存的市場制度。

第八節　價格下的權力與不平等：
　　　　誰能決定價格、誰又被價格決定？

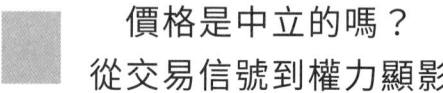
價格是中立的嗎？
從交易信號到權力顯影

我們習慣將價格視為市場機制下中性的產物，但事實上，價格的形成從不只是數學的運算，更是權力關係的展演。誰能決定價格，誰就握有定義價值、分配資源與塑造行為的權力。從都市房租到蛋價、從藥品售價到電信資費，背後牽動的不只是成本與利潤，更有議價能力、法規制度與資本布局。

在臺灣，這種「價格即權力」的現象尤其明顯。以房價為例，建商透過壟斷土地、操控供應節奏與行銷預期，實際上掌握了房價的上限與節奏；再如醫療用品市場，大型通路商或進口代理商壟斷定價話語權，讓下游藥局與病患難以擁有選擇空間。這些現象說明，價格的制定往往是強者用制度、資訊與資本所建構出來的遊戲規則，而非市場「自然形成」。

弱勢者如何被價格決定？

當價格成為制度性權力的展現時，其不平等性便隨之浮現。對於經濟弱勢者而言，價格不只是買與不買的選擇，更是生活邊界的限制。當水電價格調整、蛋價飆升、油價上揚時，受影響最大的不是高所得者，而是支出占比高、替代彈性低的中低收入族群。

例如：根據主計總處的家庭收支報告，所得最低的20%家庭，其食物與交通支出占可支配所得近60%，而高所得家庭則不到35%。當物價全面上

第八節　價格下的權力與不平等：誰能決定價格、誰又被價格決定？

漲，對弱勢家庭來說是整體生存壓力，而對有餘裕者可能只是少買一杯手搖飲。這種「價格不平等」的實質影響，常被傳統經濟模型忽略，但卻是公共政策設計時必須正視的核心議題。

此外，制度性定價如學費、健保費、社會住宅租金等，也容易在設計上出現排除性偏誤。例如：學生貸款利率調漲對社經地位高者影響不大，卻對需長期分期繳款的貧困學生構成壓力；再如社會住宅限額制度若未考量家戶組成與特殊需求，也可能導致真正需要協助的人無法進入體系。

議價能力的不對等：從零售到勞動市場

價格權力的另一個表現形式是議價能力的不對等。在零售市場中，大型通路如全聯、家樂福具有壓低供應商進價的能力，往往能以低於中小商店的價格取得商品，並再用促銷價格打壓競爭者，形成價格主導權。在這樣的結構下，小型商家即使服務品質更高，卻因無法維持價格競爭力而被迫退出市場。

勞動市場亦然。雖然工資理應由勞雇雙方談判形成，但實際上企業在資訊、替代性、制度設計等面向具壓倒性優勢。非典型就業者、派遣勞工、外送員等職業，常因談判地位低落而被動接受低薪、高風險條件，這些都是價格權力失衡的具體反映。

這也顯示，在沒有集體談判、產業協議或法律保護的情況下，「價格」並不能保證交易的公平性。它更像是制度允許範圍內的壓力結果，而不是真正反映貢獻與風險的衡量指標。

第一章　價格怎麼決定的？—從市場到便當店的經濟學

▓▓▓ 如何重構更公平的價格制度？ ▓▓▓

要讓價格制度更公平，首先需提高定價機制的透明度。政府與企業應公開關鍵民生品的成本結構、定價依據與調價程序，讓消費者能合理預期與監督。例如台電的電價費率公式、臺灣中油的油價浮動計算方式，就是初步嘗試。

其次是強化弱勢者的談判能力。這可透過支持工會、消費者團體、產業協會等中介組織實現。這些組織不僅能平衡價格談判權力，也能為政策提供來自基層的實務建議。

再者，政府應透過精準補貼與需求管理，避免價格自由化過程中弱勢者受傷。例如：設計可調整的社會補貼制度，使當特定品項價格超過門檻時，自動啟動低收入戶補助，實現「價格彈性社會保護網」。

最後，長期應思考結構性制度調整，如基本工資制度、社會住宅供應、交通票證優惠等，使價格體系本身內建一定程度的再分配機制。

▓▓▓ 價格背後的倫理與權力選擇 ▓▓▓

價格從來不只是市場變數，它同時也是倫理選擇與社會權力的投射。我們如何看待定價權？又是否願意讓市場自行決定一切？這些問題不只是經濟問題，更是民主與社會正義的試金石。

當我們開始質疑「價格真的是公平的嗎？」這個問題時，就代表社會已走向更成熟的公共討論階段。下一步，是如何讓制度反映這份成熟：讓價格不只是由強者定義的遊戲規則，也能成為共識與照顧的反映。

價格也許不會永遠公平，但制度可以設計得更有力量去彌補不公平。真正的挑戰，是如何用經濟制度建立一種讓多數人都能參與、理解與有尊嚴地活下去的價格體系。

第二章

薪水從哪裡來?
——勞動市場與生產力的報酬邏輯

第二章　薪水從哪裡來？—勞動市場與生產力的報酬邏輯

第一節　勞動邊際生產理論：為什麼有些職位永遠低薪？

市場真的會根據貢獻給薪嗎？

我們經常聽到這樣的說法：「你賺多少，是因為你值這個價。」這種觀點看似合理，卻來自於經濟學中一個歷史悠久的理論：邊際生產力理論（Marginal Productivity Theory）。根據這套理論，雇主給予員工的報酬，是根據其「最後一單位所能創造的產值」來決定。簡單來說，你能創造多少利潤，就能領到對等的薪水。

從這個角度來看，高科技產業中的 AI 工程師、資安專家可以年薪百萬甚至千萬，是因為他們創造了高附加價值；而便利商店店員、清潔人員或餐飲外場服務生則因重複性高、可替代性強，所以長年維持低薪。這也解釋了為何即使經濟成長，部分職位的薪資始終停滯，甚至因自動化、外包而逐漸被淘汰。

但真的是這麼簡單嗎？這樣的解釋，能否說服一位在烈日下搬運物品、每天接觸數百人、應對無理客訴的基層工作者，為何他所付出的勞力價值在制度中被視為「可輕易取代」？我們需要進一步探討，這套理論的適用性與局限性。

勞動報酬與社會結構的偏誤

邊際生產力理論的最大前提是「市場是完全競爭且資訊透明的」，但這樣的條件在現實世界幾乎不存在。以臺灣餐飲服務業為例，長年面臨人力短

第一節　勞動邊際生產理論：為什麼有些職位永遠低薪？

缺，工時長、流動率高，但薪資卻僅緩慢上升。根據行政院主計總處 2023 年「工業及服務業薪資統計」，全體受僱員工的平均時薪約為 200 元（兼職含全時人員）。而從其他薪資報告推估：科技業與高附加價值製造業的平均年薪普遍明顯高於服務業，因此其時薪估算仍高於跨產業平均。

這背後的差異，除了生產效率之外，更深層的原因是議價能力的差異與社會對工作的隱性價值評價。科技業人才多半集中於六都，擁有高學歷、技術專業，能透過跨國跳槽或創業提升身價；反觀基層服務業者多為非大學學歷、年齡層較廣、轉職空間狹窄。這種結構性差異，使同樣一個小時的工作時間，換來的報酬有著天壤之別。

再以女外送員與男性駕駛相比，表面上報酬相同，但由於女性夜間出勤比例低、需兼顧家務或照顧責任，實際月薪中位數遠低於男性外送員。這些社會因素並未展現在「邊際貢獻」的數學模型中，卻深深左右著薪資現實。

月薪接近基本工資的圖書館臨時工

臺北市某區立圖書館曾長期聘用臨時工讀人力，負責全館書籍整理、場地管理與讀者接待等日常營運工作，月薪約為新臺幣 29,000 元，僅略高於 2025 年公告的基本工資 28,590 元。這些人員每日需面對大量民眾詢問、書籍維護、設備處理等繁雜任務，工作內容具備明顯勞務密度與服務壓力。

然而，該職缺常被歸類為「臨時人力」或「短期工讀」，未納入正式公職聘用制度，也未設立進階職級與待遇提升機制，導致長年缺乏薪資成長與職涯保障。在同一館內，由外包系統廠商派駐的 IT 工程師，月薪平均約為 53,000 元以上，並享有交通補助與專業加給。儘管兩者工作時間相當，皆為第一線服務大眾、解決現場問題的角色，卻因職稱分類與社會評價落差，出

第二章　薪水從哪裡來？―勞動市場與生產力的報酬邏輯

現近乎倍數的薪資差距。

這並非個別案例，而是普遍存在於臺灣公部門外包與約聘人力制度中的現象。此現象突顯出：一份工作的「價值」並非完全由其實際貢獻或難度衡量，而是受到制度預設與職位標籤的深度影響。當基層行政服務被視為可輕易取代，其報酬與保障自然遭到壓縮；反之，專業技術職位因具明確認證與市場行情，反而獲得更高的制度性肯定。

從理論到政策：
如何打破薪資結構的固著性？

如果邊際生產力無法完全解釋薪資差距，那麼如何建立更公平的報酬制度？首先，應檢討「同工不同酬」的隱性結構。例如針對非典型勞動者與女性工作者設計特定的薪資回溯補貼，讓制度反映社會差異。

其次，是提升所有勞動類型的「可見度」，例如將基層服務工作者的工作複雜性與應對能力，透過評鑑制度納入薪資結構中，並透過證照制度與職能導向薪資階梯拉近低薪工作者的報酬成長。

第三，重新思考以「價值創造」為唯一報酬依據的迷思。社會需要照顧、文化、教育等無法即時產出盈餘的職位，但這些角色卻往往被邊緣化。應思考如何透過公共政策或社會企業模式，將這些必要卻不被市場肯定的工作納入穩定薪資制度。

最後，是透過勞動教育與社會溝通，打破「你值多少錢」的評價觀，轉向「這份工作對社會的重要性」。這不只是一場關於薪水的討論，更是我們如何定義工作的社會哲學辯論。

當我們問：「為什麼這個職位永遠低薪？」其實是在追問：「我們用什麼眼光看待別人的勞動？」

第二節　薪資結構與產業別差異：科技業與服務業的對比

一樣是上班族，薪水怎麼差這麼多？

在臺灣，從事科技業與服務業的上班族，儘管每天都打卡上下班、都有勞健保，薪資待遇卻有天壤之別。根據主計總處 2024 年「薪資調查報告」，科技製造業平均月薪為 63,000 元，而住宿及餐飲業僅約 35,000 元，相差近一倍。這不只是產業別的平均薪資差異，更是對整體社會分配正義與人力資源分配的嚴肅挑戰。

科技業之所以能提供高薪，背後原因在於高附加價值、出口導向、全球資本流動與技術創新所帶來的超額利潤。反觀服務業，雖然涵蓋絕大多數就業人口，卻往往因為可替代性高、產品難以規模化與議價能力弱勢，導致薪資停滯。

價值創造與價值分配的矛盾

我們經常以為「誰創造最多價值，誰就該領最多薪水」。但在真實世界中，價值創造與分配之間常常存在落差。以餐飲服務業為例，儘管服務人員每日接待百名顧客，間接創造出穩定營收與顧客忠誠，但最終分配到這些第一線員工的薪資卻極少。相對地，某些科技公司即便尚未實現獲利，其工程團隊已能取

第二章　薪水從哪裡來？—勞動市場與生產力的報酬邏輯

得期權與高額年終，這種分配差距不是生產力問題，而是制度設計問題。

這種不對等反映了產業結構對薪資分配的高度影響。科技產業通常擁有較高資本密集與研發密度，也容易吸引國際投資與政策資源，自然有更大的利潤空間分配給員工。而服務業則多為勞力密集、低毛利產業，即使業者想加薪，也往往力有未逮。

臺灣案例：半導體工程師與旅館櫃檯的收入對照

以臺灣知名半導體公司某 A 廠的基層工程師為例，其起薪即達 47,000 元以上，並提供宿舍補助、交通車接送與每季績效獎金。若加上年終與分紅，年薪可達百萬元以上。這樣的薪資待遇即使在國際市場上也具競爭力。

反觀同樣位於新竹地區的某商務旅館，櫃檯人員需輪班、面對高強度顧客服務壓力，月薪卻僅約 31,000 元，且多為無獎金、無年終的合約制。這種「地區相同、條件不同」的對比，突顯出臺灣產業間分配機制的斷裂，也使年輕人就業選擇日益極端化。

這些對照不僅反映薪資差距，更影響社會階層的流動機會與職涯選擇的可塑性。當薪資不再與努力對等，人們將以產業選擇區分「有未來」與「過渡性」工作，進一步加劇結構性不平等。

產業類型如何決定你的未來？

產業結構不只是薪資的決定因子，也影響個人職涯的穩定性、學習機會與升遷可能。科技業多數公司設有內部培訓制度、技術升遷階梯與跨國歷練

第二節　薪資結構與產業別差異：科技業與服務業的對比

機會；而服務業多數則為高度標準化流程，重複性高、可替代性強，員工發展空間有限。

這導致「技能累積曲線」截然不同：科技業員工的年資通常伴隨薪資大幅成長，而服務業者即使工作十年，薪資成長可能僅數千元。這種「橫向無法轉職、縱向難以晉升」的產業性職涯困境，迫使年輕人趨之若鶩地擠進科技、醫療、金融三大高薪領域，忽略其他同樣重要但低薪的公共服務或文化產業。

價值觀與產業吸引力的落差

年輕世代日益關注工作的意義與成就感，然而當薪資差距過大，即使熱愛文化、藝術、社福或環境議題，也難以長期投入。許多文化工作者或非營利組織員工薪資僅略高於基本工資，卻需承擔高強度專案壓力與跨職能挑戰，與其投入相較，實難支撐長期發展。

這種「結構性勞動失衡」正在侵蝕臺灣的多元產業基礎，使價值觀無法與實際選擇匹配。長此以往，不僅造成人才過度集中，也削弱國家的產業韌性與社會多元發展潛力。

制度如何彌補產業差距？

要回應這樣的產業薪資差距，政府與企業可從以下幾個面向調整：

(1) 提升服務業的技術含量與價值創造，例如導入數位工具、自動化流程、顧客關係管理，讓員工工作創造更多附加價值。

第二章 薪水從哪裡來？—勞動市場與生產力的報酬邏輯

(2) 建立產業中立的職能薪資標準，讓相同能力與職責的人在不同產業中仍能獲得相似報酬，避免單一產業壟斷高薪機會。

(3) 透過租稅與補貼機制，鼓勵中小企業提高薪資與培訓，特別針對基層與第一線服務人員設計「薪資增值補貼」。

(4) 公共政策應主動投入「薪資落後產業」，例如擴大社會企業、提升文化基金挹注、擴充社福人力編制，讓勞動價值得到更公平的制度性肯定。

產業不是天生高薪與低薪，而是制度選擇與資源分配的結果。唯有打造一個能讓各種價值都被合理報酬的社會，臺灣才能真正實現經濟與人文的雙重韌性。

第三節　性別薪資差距：
　　　　玻璃天花板還是工作選擇？

▰▰▰　看得見的薪資差距，與看不見的結構因素　▰▰▰

臺灣女性勞動參與率逐年提升，根據主計總處 2024 年資料，女性勞動參與率已達 51.9%，接近男性的 67.5%，但整體性別薪資差距仍然存在。2023 年臺灣女性平均月薪為男性的 86.2%，等同於每工作一年就少賺 1.5 個月的薪資。這不只是統計數字的懸殊，更是一道跨越世代與產業的無形牆。

一般人常將性別薪資差距歸因於「女性偏好低薪工作」、「中途離職照顧家庭」等個人選擇因素，然而，近年研究發現，這種解釋忽略了更深層的制度性偏誤與職場結構設計對女性不利的影響。所謂「玻璃天花板」(glass ceiling) 並非幻想，而是實質存在的升遷障礙與薪資停滯機制。

第三節　性別薪資差距：玻璃天花板還是工作選擇？

升遷機會與薪資成長的雙重封頂

在臺灣科技業中，女性在核心職務（如研發、管理層）中占比明顯偏低。根據多項調查顯示：

- 根據工商管理、媒體報導與 104 人力銀行數據，科技業高階主管中女性僅約 18%；
- 工研院資料指出，女性研發人員占比約 26.5%，女性主管比例僅 7.1%。

即便大學畢業初期男女起薪差距不大，但根據職業發展觀察與訪談顯示，女性在進入婚育階段後往往面臨更高中斷風險，如產假、育嬰留停或彈性工時需求，導致其錯失關鍵輪調、專案機會與升遷機制。這些制度性設計與文化期待共同形成「玻璃天花板」效應，使女性在職涯第五年後薪資與職位發展明顯落後男性。

這種制度設計背後，隱含著對「全職、長工時、無間斷履歷」的男性工作模式的默認。即便法律保障性別平等，但在實務上，許多企業的考績制度仍未能納入照顧責任所導致的彈性安排，導致女性無法與男性在同一評價標準下競爭。

此外，職場文化也常將女性角色限縮於協助、支援性質的工作，如行政、客服、人資等部門，其薪資成長潛力遠低於業務開發、產品管理與決策單位，造成女性在組織結構中逐漸邊緣化。

案例對照：
女性主管在金融業與零售業的不同命運

以金融業為例，根據 2023 年金融研訓院調查，女性在臺灣金融機構中擔任主管職的比例達 37%，相對高於其他產業，但平均年薪仍落後男性近

第二章　薪水從哪裡來？—勞動市場與生產力的報酬邏輯

20%。這反映出即便女性擁有相同職稱，其實際掌握預算、決策或獎金分配權限的機會仍較低。

相比之下，零售業女性中階主管比例更高，但受限於產業利潤與工時制度，年終獎金與升遷幅度常遠低於男性主導的業務與採購單位。一位擁有十年資歷的百貨業店長接受訪談時表示：「同樣管理百人團隊，我的年薪比公司內部的男性採購經理少了近 15 萬元，這讓我開始懷疑是不是性別使我被看低。」

這些對比顯示，即使女性在職場中努力突破，也常面臨升遷路徑與薪資機會的結構性限制。

選擇還是被迫？
性別分工與社會預設的影響

性別薪資差距並非單純來自「女性選擇低薪職業」。社會對「女性適合細心照顧、男性適合領導決策」的文化預設，從教育階段即深植人心。許多女性學生在選科時即傾向於文教、護理、服務業等職類，而這些領域薪資普遍低於理工、金融、科技等男性主導領域。

當女性進入職場後，若遇到職場性別偏見、不友善文化或升遷障礙，往往會選擇「自主退出」高壓競爭環境，進入相對穩定但低薪的部門，進一步鞏固了性別薪資差距的結構。

此外，家庭照顧責任的不均也導致女性在育兒期間的勞動中斷或改採兼職工時，使得其累積年資與職涯發展受阻。即使回歸全職工作，也常因資歷空白與制度偏見而難以回到原本的職級與薪資水準。

第三節　性別薪資差距：玻璃天花板還是工作選擇？

政策如何回應性別薪資差距？

臺灣政府近年已針對性別薪資議題提出多項政策工具，包括推動職場性平薪資揭露、企業性平指標、育嬰留停津貼與彈性工時規範。然而，若要真正縮小差距，仍需更進一步改革：

(1) 建立「同職同酬透明機制」，要求中大型企業定期揭露性別薪資分布，並提供差距改善方案。

(2) 強化彈性工時與遠距工作制度的可行性，讓照顧責任不再成為女性職涯中斷的主因。

(3) 鼓勵男性參與育嬰假與家庭照顧，透過制度對稱設計，打破「女性負責家庭」的單一角色預設。

(4) 在教育與職涯輔導階段引入性別平等觀念，引導女性進入高薪潛力領域如 AI、工程、金融科技等。

性別薪資差距不是一夕之間形成的，它根植於長期的制度設計、文化想像與分工觀念中。若我們要打造一個真正公平的勞動市場，不只是關注數據的落差，更要回應制度與文化的偏誤。薪水，從來都不只是錢的問題，它是我們如何看待人的價值與選擇自由的社會鏡像。

第四節　勞動參與率與人口結構：
　　　　高齡社會中的新就業困境

高齡化浪潮來襲：
人口結構改變就業市場樣貌

臺灣已正式邁入高齡社會，根據國發會統計，2025 年 65 歲以上人口將占總人口 21.2%，進入所謂的「超高齡社會」。這不僅帶來健保支出與照顧負擔的挑戰，更深刻改變了就業市場的生態。勞動力不足、青壯年人口萎縮、就業年齡向兩端延伸，成為臺灣當前最緊迫的社會經濟議題之一。

高齡化直接壓縮了勞動市場供給，使得產業面臨「找不到人」的困境。特別是在長照、清潔、運輸、餐飲等需要現場勞力的行業，已出現嚴重人力缺口。許多業者即便提高薪資，也難以招募到穩定人力，顯示人口結構的改變已不只是「社會老化」議題，更是企業經營的核心變數。

青壯年人口萎縮：誰來支撐經濟生產？

根據勞動部資料，2024 年臺灣 25～44 歲青壯年人口占總人口不到 34%，較十年前下降逾 5 個百分點。這代表最具生產力與納稅能力的年齡群體正在縮小，對整體經濟發展構成長期壓力。

在科技製造業與醫療業特別明顯。根據衛福部與護理師護士公會全聯會統計，2023 年全臺護理人員離職率創下歷年新高，達到約 13.2%，其中 30 歲以下年輕護理師離職率更高達近兩成。許多剛從護理科系畢業的新鮮人，平均不到三年即選擇離開醫院體系，轉往長照機構、診所，甚至完全離開護

第四節　勞動參與率與人口結構：高齡社會中的新就業困境

理職場。這一趨勢背後，反映出高工時、低薪資、輪班壓力與病患暴力事件頻傳等結構性問題，使得臨床護理工作難以留住人力。

企業不得不將目光轉向高齡者與退休族群，開發「銀髮就業」方案。然而，現行勞保年金制度、工時規範與勞動彈性設計，仍未完全配合高齡者就業模式，導致雇主與高齡勞動者雙方皆裹足不前。

延後退休與高齡就業的政策落差

政府雖已預告調升法定退休年齡並鼓勵延後領取年金，但現實中的高齡者重返職場仍面臨許多制度障礙。例如：65歲以上再就業者若選擇全職工作，可能影響其年金領取資格，且企業在聘僱高齡員工時，仍須面對保險給付、工時彈性與健康風險責任等考量。

此外，高齡者若無法長時間站立或從事重體力勞動，便容易被排除在現有職缺之外。反觀日本、新加坡等國早已設計高齡專屬就業職類、提供稅務誘因與職訓補助，臺灣尚缺乏一套完整的高齡人力再運用架構。

這不僅是一項勞動政策挑戰，更是一項價值選擇：我們是否願意重建工作定義，讓「適能工作」而非「全年全時工作」成為高齡勞動的新常態？

女性與高齡的雙重負擔：
中年女性勞動力流失的隱憂

高齡化也深刻影響女性就業。許多45～59歲的中年女性在子女獨立後，原本可重返職場，卻因需照顧年邁父母或配偶而被迫退出勞動市場。這群人被學者稱為「隱形退出者」，她們並非不願工作，而是社會制度對於照顧責任

第二章　薪水從哪裡來？─勞動市場與生產力的報酬邏輯

的支持不足，讓她們難以兼顧。

2023 年一項勞動部委託調查顯示，女性在「中年重返職場」時最常面對的三大困難為：履歷空白、照顧安排與職務匹配。這些障礙若不處理，不僅導致勞動力流失，也使社會性別不平等持續擴大。

打造支持型照顧制度、設計部分工時彈性職位、推動中年職能再培訓，將是未來勞動政策必須面對的核心任務。

青年世代的就業焦慮與生育遲疑

高齡社會不只排擠中年與高齡者，也影響青年。許多青年擔心未來需同時扶養年邁雙親與育養子女，在工作選擇上趨向高收入與低風險職位，導致創業與非典型工作意願降低。再加上房價高漲、低薪困境，讓許多人延後結婚與生育，加速人口結構惡化的循環。

2023 年臺灣總生育率再創新低，僅 1.07，為全球最低之一。當年輕人無法確信自身職涯穩定與家庭照顧支持時，自然難以做出生養下一代的決定。這種生涯焦慮與生育遲疑的連鎖效應，正讓臺灣陷入「低薪－低生育－勞動力不足－經濟壓力」的惡性循環。

勞動政策的再設計：為人口轉型找出路

要破解高齡社會下的就業困境，不能只靠延後退休與引進移工，必須進行整體勞動制度的再設計：

- 彈性工時與兼職制度改革：鼓勵高齡與照顧者參與彈性就業，設計獨立保險與保障機制。

- 照顧責任社會化：擴大長照 2.0 資源、推動社區型日間照顧據點，減少女性中年退出率。
- 中高齡職訓與轉職支持：建立 50 歲以上職訓平臺，連結企業中高齡人才需求與人力再培力。
- 青年支持制度強化：提高青年初任薪資、擴大租屋補貼、減少職場不穩定性，提高生育誘因。
- 勞保與年金制度調整：讓高齡者就業不再影響年金資格，鼓勵健康老年人持續工作。

面對勞動結構的劇變，臺灣不能僅靠口號式的「高齡就業」與「延後退休」。唯有從制度層面進行結構性調整，讓不同年齡、性別、家庭責任的勞動者都能安心參與，經濟才有可能走出人口陷阱，邁向真正具韌性的未來社會。

第五節　工會制度與薪資談判力：空服人員罷工與談判成果

為什麼勞工需要工會？從協商到罷工的勞動權力

工會在臺灣一直是備受爭議卻極為重要的制度存在。當雇主掌握薪資、工時、績效評量與人事安排的絕大權力時，工會便是勞工少數能夠集體談判、組織反應與行使抵抗的制度管道。尤其在產業結構快速轉型、非典型工作比例上升的當代，工會的代表性與集體談判力成為維護薪資與勞動條件的關鍵工具。

第二章　薪水從哪裡來？—勞動市場與生產力的報酬邏輯

臺灣的工會法自 1980 年代以來歷經數次修法，最重大者為 2011 年《工會法》與《團體協約法》的全面修訂，使工會罷工權與協約力的法律地位獲得提升。然而，實務中工會仍面臨會員數不足、組織鬆散、雇主打壓與社會觀感負面等多重挑戰。即使如此，幾起標誌性罷工事件顯示，當工會善用媒體與法律資源，仍能在議價桌上取得實質成果。

2019 年華航空服員罷工事件

2019 年農曆春節期間，華航空服員發起全臺最大規模的航空業罷工行動，訴求包括調高外站津貼、改善工時排班制度、增設休息艙等。當時正值返鄉高峰，全臺民眾關注度極高。雖然華航初期強硬反制，主張罷工違法並試圖以替代人力應對，但在空服員工會與勞動部居中協調下，雙方於數日後達成協議。

協議成果包括：每小時外站津貼由 2 美元調升為 5 美元、長程航班休息時間延長、增設過夜班宿津貼與生理假規定等。這次罷工不僅成功爭取勞工權益，也突顯工會若能組織有力、策略正確、輿論支持，即便在資本強勢產業中亦有機會翻轉結構。

此外，此案也觸發政府對《罷工法》規範進行檢討，包括事前公告義務、最低服務保障與資方資訊揭露等制度配套，進一步強化勞資協商機制的透明與平衡。

第五節　工會制度與薪資談判力：空服人員罷工與談判成果

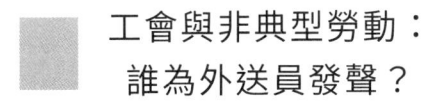

工會與非典型勞動：誰為外送員發聲？

雖然空服員罷工成功引起社會關注，但對更多非典型勞動者而言，工會制度仍是遙不可及的奢侈。以外送平臺為例，大多數騎士被界定為「承攬人」而非「勞工」，因此無法加入傳統工會，也難以享有團體協約、工會談判與罷工權利。

近年已有騎士自組平臺工會，並向勞動部申請正式工會資格，但因現行《工會法》仍限制「勞工」身分才具備工會參與權，導致制度難以回應數位平臺勞動的興起。這說明，臺灣工會制度仍停留在傳統僱傭架構，難以涵蓋現代工作型態的變遷。

未來若無法修法調整定義並擴大適用對象，將造成大量新型態勞動者處於無協商、無保障、無代表的制度邊緣，進一步削弱整體勞動市場的集體談判能力。

工會形象與社會支持：罷工是勞工的任性嗎？

臺灣社會對工會的態度長期兩極。部分民眾將罷工視為「任性、破壞秩序、影響民眾利益」的行為，特別是交通運輸、醫療、學校等公共服務領域，罷工往往引發民怨。這也導致部分工會在行使罷工權時需顧慮輿論壓力，採取有限制性策略。

但從制度觀點來看，罷工是憲法保障的最後談判工具，其存在本身即是為了平衡勞資關係的權力不對等。若工會在無其他協商空間下仍無法行使罷

第二章　薪水從哪裡來？—勞動市場與生產力的報酬邏輯

工，則實際上等同剝奪勞工的集體抗議手段。

提高社會對工會的理解與支持，需要更多公共教育與資訊透明。若勞資協商過程能公開化、罷工訴求具合理性、工會自身亦展現自律與責任，社會輿論將更可能轉向支持勞工權益。

重建工會制度：
讓集體談判成為常態而非例外

面對快速變遷的勞動環境，臺灣工會制度若要發揮實質作用，必須從以下幾方面重建：

- 修法擴大適用範圍：調整《工會法》對「勞工」定義，納入平臺工作者與新型態勞動者。
- 提供工會發展補助：協助新興產業工會成立與運作，特別針對女性勞工與中小企業員工。
- 建立協約談判標準：鼓勵企業主動與工會簽署團體協約，建立工時、薪資、升遷與解僱等明確制度。
- 強化工會教育與法律支持：提供工會幹部職能訓練、勞動法諮詢與協商策略輔導。
- 導入「預防型協商機制」：建立事前協商、第三方調解與集體協議程序，避免衝突升高至罷工。

工會並非對立者，而是社會穩定的安全閥。當勞工能在制度中被聽見、被代表、被協商，勞資關係就有可能從對抗轉向協力，從對立轉向共創。這正是當代薪資制度背後，最被忽視卻最根本的支撐力量。

第六節　非典型就業與平臺勞動：外送員的「時薪自由」

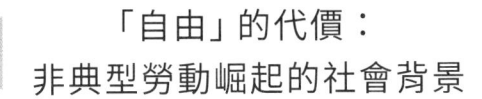

「自由」的代價：非典型勞動崛起的社會背景

非典型就業指的是不屬於傳統全職、固定工時與明確雇主關係的工作型態，包含兼職、計時、承攬、自僱與派遣等。根據主計總處 2024 年統計，臺灣非典型勞動者已占全體就業人口約 9.5%，其中又以平臺工作者如外送員、共享司機最為快速成長。

平臺經濟打破傳統僱傭結構，藉由數位科技媒合勞務與需求，使個人能「彈性接單、自由上工」，成為近年吸引年輕人與中年轉職者的重要就業選項。以外送平臺為例，foodpanda 與 Uber Eats 兩大業者每月活躍外送員已超過 10 萬人。

然而，這種所謂的「時薪自由」背後，卻潛藏著極高的不穩定性與制度真空，讓平臺勞動者成為最脆弱的新興勞動群體之一。

外送平臺的勞動現實：自由？還是被迫彈性？

在表面上，外送員可自由選擇上線時間與接單數量，但實際運作中平臺以演算法決定派單順序與獎勵機制，使騎士若不上線、無法搶單或未達特定接單數，將被降低優先權。這種「偽自由」結構，讓勞動者實際上受制於平臺規則卻無正式僱傭保障。

第二章　薪水從哪裡來？—勞動市場與生產力的報酬邏輯

此外，平臺多採「按件給酬」模式，依距離、時間、評價等因素發放報酬，缺乏基本工資、工時保障與勞健保納保責任。根據臺灣外送產業職業工會調查，2023 年外送員平均時薪落在 130～180 元間，遠低於科技或傳統製造業薪資水準。

若考量油資、保養、設備折舊、保險與高風險因素（如交通事故與職業傷害），實際淨收入更為壓縮。部分地區甚至出現「多接不如少接」的情況，形成結構性剝削。

30 歲騎士的收入循環

以一名 30 歲男性全職外送員小彥為例，每天工作約 10～12 小時，月接單量超過 900 單，月收入約 48,000 元。但扣除油錢 8,000 元、車輛維修 3,000 元、保險 2,000 元與手機設備費用後，實際淨收入僅約 35,000 元。

這樣的收入看似穩定，實際上工時超長、風險極高，且完全缺乏年終獎金、職涯升遷與職業訓練空間。若遇氣候不佳、平臺政策調整或健康因素，就可能陷入收入中斷的風險中。

小彥表示：「自由是有的，但你必須一直工作才不會被排除在演算法之外。只要一週沒跑，就會被系統冷凍，然後你會發現根本沒得選擇。」

平臺勞動的法律空白與制度困境

現行《勞基法》與《工會法》皆以「僱傭關係」為適用前提，導致外送員與平臺間的承攬關係無法享有基本工時、休息日、保險與勞資爭議處理權利。即使近年已有個別工會與學者呼籲修法，政府政策仍處於模糊觀望階段。

第六節　非典型就業與平臺勞動：外送員的「時薪自由」

歐盟與韓國已著手立法將平臺工作納入新型勞動關係管理，要求平臺對高頻率承攬者負有基本保障責任；反觀臺灣，2024年仍無專法針對此類工作型態設計保障制度。

臺北市政府曾試行「外送員保險補助計畫」，提供每名外送員每月最高500元職業傷害保費補助，但因行政成本與申請程序繁瑣，實際參與率僅約28%。這顯示制度配套若無法貼近現場運作，難以發揮應有效果。

非典型勞動的未來：制度更新與價值重建

若臺灣無法即時調整法制與社會觀念，平臺工作將成為「現代貧窮」的新出口，讓數以萬計的勞工陷入「自由勞動，無保障」的惡性循環。

未來政策可從以下方向著手：

- 建立平臺責任制度：要求平臺對長期穩定承攬者提供勞保、勞退與最低接單保障。
- 設計勞動認定中介區：介於僱傭與承攬間的新型態法律地位，仿效英國「工人（worker）」制度。
- 推動演算法透明化：強制平臺揭露派單與獎懲規則，讓勞動者能預測收入與工作邏輯。
- 職業安全與職訓納入計畫：為平臺工作者設立專屬工安教育與交通訓練，並建立職涯轉換資源。
- 支持工會與平臺協約談判：給予平臺工會法定代表性，讓勞工集體談判具備法律基礎。

第二章　薪水從哪裡來？─勞動市場與生產力的報酬邏輯

所謂「時薪自由」，不該是政策放任的藉口，更不應成為勞動剝削的遮蔽語。自由的前提，是選擇的可能與風險的共擔。制度若能反映這層真實，非典型就業也能成為穩定、尊嚴且具未來性的勞動選項。

第七節　自動化對薪水的衝擊：AI 取代人力的實際案例

自動化浪潮下的工資再分配

當人工智慧與自動化技術快速進入各行各業，勞動市場正經歷一場深刻變革。AI 不再只是科幻名詞，而是臺灣製造業、金融業、零售業與醫療服務領域的真實操作工具。從機械手臂到無人超商、從客服機器人到財務演算法，AI 與自動化設備的普及，重新定義了「什麼工作值得人來做」，也正在重塑薪資的分配邏輯。

傳統經濟學認為，技術進步將提高整體生產力與勞工報酬，這在歷次工業革命中多次被證實。然而，近年來的趨勢卻出現異變：高技術人才薪資水漲船高，而中低技能勞動者的報酬卻不升反降，甚至面臨職位消失的風險。這種現象學者稱之為「技能偏向型技術變遷」（skill-biased technological change），在臺灣也逐漸浮現。

自助點餐機與速食業薪資困境

自 2019 年起，全臺連鎖速食業者陸續導入自助點餐機與中央廚房設備，強調「數位化轉型」與「人力最佳化」。這些設備雖提升作業效率、降低排隊

第七節　自動化對薪水的衝擊：AI 取代人力的實際案例

時間，卻也造成櫃檯人員與基層廚務員的班表大幅縮減。

以臺灣麥當勞為例，臺北市某商圈門市自助點餐導入前，每班配置 5～6 位人員，導入後僅留 2～3 位輪班人力處理送餐與清潔。2023 年一項產業內部報告指出，該店面年度人力成本較 2019 年減少近 18％，但留任員工工時上升、薪資僅小幅調整，且獎金制度因業績穩定反而縮減。

對基層員工而言，自動化帶來的不是減壓，而是更高的多工負荷與「非人性化」績效要求。部分門市甚至以點餐機取代培訓新進人員，讓青年的工作機會更為收縮。這樣的轉型若未搭配職能升級與薪資反映，只會擴大勞動市場的結構性不平等。

製造業的機械化轉型與技術落差

臺灣製造業早在 2020 年後即積極投入智慧製造與自動化生產，特別是半導體、電子組裝與食品加工領域。以桃園某電子組裝大廠為例，自引進 AI 品管系統與自動包裝設備後，逐步淘汰一線品檢與搬運工種，並將部分作業轉型為維修與管理職。

這一轉型策略確實讓產線效能提升 12％，但工廠內原本從事品檢作業的中高齡女性勞工卻遭遇轉職困境。由於多數人未具備資訊能力或證照，轉任管理職的比例不到 10％，而薪資維持在基本工資上下。相對地，資訊工程部門與自動化維修部門的工程師起薪則普遍高出兩倍以上。

這顯示，自動化若未搭配全面性職能再設計與技能培訓，只會讓高低薪資階層更加撕裂。

第二章　薪水從哪裡來？—勞動市場與生產力的報酬邏輯

▰ 金融與行政工作的無形自動化 ▰

不僅是工廠與門市，AI 也進入了辦公室。銀行、保險、政府單位與事務所開始大量使用 OCR（光學文字辨識）、RPA（機器流程自動化）與客服聊天機器人取代基層行政作業。許多庶務與資料整理工作者發現，原本耗時數小時的表單錄入，如今在一分鐘內即由機器完成。

2023 年，某大型壽險公司即因導入自動化理賠系統，將理賠部門人力縮減 20%，而留下的員工則需負責解讀錯誤、優化流程與系統監控。這些新工作需高度邏輯與資訊能力，對年資長但未曾進修的中高齡行政人員而言，成為極大挑戰。

薪資分配亦出現轉向：原本基層理賠人員的年薪約 50 萬，轉型後新聘的資料分析與資訊工程師年薪則高達 90～120 萬。這種價值重估反映 AI 帶來的勞動結構斷層，也引發新型態的職場排擠效應。

制度回應：
如何讓自動化成為工資共榮的助力？

若我們將自動化視為一場不可逆的潮流，那麼挑戰不在於「是否接受它」，而在於「如何讓它公平地造福更多人」。政策與企業管理者應從以下幾個面向回應：

- 設計職能轉移補助：對受 AI 影響最大的基層工作者提供再培訓與技能轉移資源，並由公部門或行業協會負責媒合就業。
- 推動職位再設計：將自動化後產生的新職位（如 AI 監控、品質管理、顧客關係）制度化，並納入升遷與薪資體系。

- 引導企業共享效率紅利：對於透過自動化節省成本的企業，設計稅務誘因以提高員工薪資與獎金分配比例。
- 強化教育對接產業需求：從高中、大學到技職體系導入 AI 素養與數位工具實作，提升未來勞工的適應能力。
- 提升產業公平轉型治理：建立「產業技術轉型影響評估制度」，避免企業片面裁員而造成社會排擠與區域失衡。

AI 與自動化並不必然是薪水的敵人，關鍵在於我們如何設計制度，使科技帶來的效率也能轉化為全民共享的報酬。否則，這場技術革命只會成為不平等的催化劑，而非社會進步的引擎。

第八節　教育資本與報酬回報：碩士學歷值不值得？

學歷＝收入？傳統信念的現代挑戰

在臺灣，「讀書才有出息」一直是主流觀念。不少家庭願意砸重金送孩子攻讀碩博士學位，期望換來高收入與社會地位。但隨著高等教育普及與經濟結構轉變，碩士學歷的報酬回報正在發生變化。

根據主計總處 2024 年統計資料，碩士畢業生起薪平均為 38,900 元，雖高於大學畢業的 33,200 元，但差距不如過往明顯。若扣除研究期間的時間成本與學費支出，實際報酬回本所需年限超過 5 年，對許多產業而言更長。

尤其在文教、社福、文化創意等領域，碩士學歷對薪資幫助有限。部分

第二章　薪水從哪裡來？—勞動市場與生產力的報酬邏輯

碩士畢業生甚至在職場上與學士起薪相當，導致「高學歷、低報酬」的現象頻繁出現。這挑戰了社會對「投資教育必有報酬」的既定信仰。

社工碩士與工程師的報酬落差

以社工所畢業的林小姐為例，自 2022 年畢業後進入社福機構任職，月薪 35,000 元，與同齡大學畢業者相近。工作性質高度壓力、需輪班與高情緒勞動，但薪資與職涯升遷相對有限。

相較之下，其大學同學李先生僅擁有學士學歷，進入新竹某科技公司擔任助理工程師，起薪 45,000 元，一年內即晉升為專員，年薪突破 70 萬。兩人工作能力與努力程度相仿，卻因所屬產業與職務不同，產生薪資上的巨大落差。

這不是個案，而是結構性現象。根據勞動部「學歷報酬率調查」，碩士學歷在理工、財金領域回報明顯，但在人文、教育與藝術領域的差距逐漸縮小甚至倒掛。

教育資本的分化：誰能從碩士學歷中獲利？

碩士學歷的價值不再是普遍性的「升級工具」，而成為特定領域的「階層濾網」。換言之，並非所有人進碩士班都有相同比例的報酬回本可能。

例如：醫療體系中的碩士學歷可作為升遷門票，如護理碩士、物理治療碩士等，通常能直接對應到加薪與職稱變動。而教育體系中的碩士學歷（如師資培育碩士）則需搭配考照與年資才可能產生實質報酬效果。

第八節　教育資本與報酬回報：碩士學歷值不值得？

在文化創意與非營利產業中，碩士學歷常被視為「熱情的證明」而非「加薪的依據」，使其成為情感認同與志業動力的象徵，而非明確的經濟投資回報。

碩士教育的制度失衡與供需錯配

近年來，高教體系擴張快速，碩士班數量大增，卻未與市場需求同步調整。2023 年全臺碩士畢業生人數突破 8 萬人，但部分學門畢業生畢業一年內失業率高達 10%，且多數集中於文科與社會科學領域。

在供給過剩與產業吸納不足的雙重夾擊下，不少碩士生進入非本科系職場或從事低薪事務型工作，無法發揮其教育專長。同時，碩士學歷被「通貨膨脹化」，其原有象徵意義被稀釋。

這也導致企業對碩士學歷的評價出現分歧：一方面部分企業仍要求碩士學歷作為篩選門檻，另一方面卻未提供對應的薪資補償與訓練制度，形成「高期待、低報酬」的現象。

報酬回報的再理解：學歷之外的資本競爭

現代職場中的報酬決定邏輯日益多元。除了學歷外，產業別、證照技能、溝通能力、人脈資源與個人品牌等「無形資本」正快速主導薪資成長的曲線。

根據 104 人力銀行 2024 年資料顯示，具備如 Google 資料分析專業證書、AWS 雲端架構師認證，或曾執行過 Python 資料分析專案的求職者，即便僅

第二章　薪水從哪裡來？—勞動市場與生產力的報酬邏輯

具學士學歷，年薪往往高於傳統碩士畢業生。

這反映出在數位轉型浪潮下，「實作能力與專業證照」逐漸取代「學歷」成為企業評估人才價值的重要依據。

此外，學歷投資的報酬率還受到就讀學校、產業連結與校友網絡的顯著影響。臺灣幾所頂尖研究型大學的碩士畢業生，因具備強烈業界連結與職缺轉介資源，其就業與薪資表現普遍優於地方型大學。

給未來碩士生的策略建議

如果你正考慮是否攻讀碩士學位，以下幾項建議或許值得參考：

- 明確對接職涯目標：不要為了「逃避就業」或「延後服役」而念碩士，應明確分析其是否能提升職涯薪資或轉職彈性。
- 重視實習與產業連結：選擇與企業密切合作的系所與教授，可提高畢業後進入高薪產業的可能。
- 規劃時間與財務回本期：了解所選領域的學費、就學時間與畢業後薪資，預估回本時間與機會成本。
- 輔以專業證照與技術學習：同時進修職能證照或數位技能，提升碩士學歷的競爭力。
- 不把學歷當作終點：碩士學位應是專業深化的起點，而非職場保障終點。

碩士學歷本身並不「不值得」，但它的報酬回報高度依賴你選擇的產業、策略與資源結合方式。唯有將學歷轉化為可行動的職能與策略資本，才能真正讓教育投資產生回報價值。

第三章

你買的東西為什麼變貴?
── 通膨、成本與全球市場影響

第三章　你買的東西為什麼變貴？—通膨、成本與全球市場影響

第一節　CPI 與 PPI 是什麼？通膨指數的構成與生活感受落差

CPI 與 PPI 的基本定義：我們用什麼衡量「變貴」？

在臺灣，一般民眾對「物價上漲」的感受往往來自日常經驗：早餐店蛋餅變貴、超市牛奶上漲、便當從 70 元漲到 90 元。但這些主觀經驗與政府統計出的通貨膨脹率（CPI）時常出現落差。到底為什麼？

CPI，全名為「消費者物價指數」（Consumer Price Index），是衡量一般家庭購買商品與服務所支付價格變動的平均指標。它包含衣、食、住、行、育、樂等八大類支出，透過數千種商品與服務的價格變化加權計算而得。PPI，則是「生產者物價指數」（Producer Price Index），用來衡量企業在生產初級商品時的成本變動，主要涵蓋原物料、半成品等。

若 PPI 先上升，往往代表生產端成本增加，未來 CPI 也有可能隨之上漲。但這兩者不一定同步。2022 年臺灣的 PPI 增幅一度超過 10%，但 CPI 僅約 3%，原因即在於部分成本尚未轉嫁至消費端，或業者選擇吸收。

雞蛋價格與通膨指數的落差

2023 年初，臺灣雞蛋價格大幅波動，批發價一度從每臺斤 36 元漲至 50 元，零售價格也逼近一顆 10 元，引發民眾對通膨的強烈感受。然而，同期 CPI 年增率僅約 2.4%，引起社會質疑政府是否「低估物價上漲」。

第一節　CPI 與 PPI 是什麼？通膨指數的構成與生活感受落差

　　事實上，雞蛋在 CPI 權重中占比僅約 0.2%，即便漲幅高達 30%，對整體指數影響有限。相較之下，房租、水電、健保費與通訊費等變動較少的項目占比高，導致 CPI 變化幅度相對平緩。

　　這反映出 CPI 作為平均性指標，無法完全捕捉特定民眾群體（如外食族、小家庭、低收入戶）在物價變化上的體感差異。也說明「感覺通膨」與「統計通膨」之間的真實落差。

為什麼你覺得比統計還貴？指數權重與消費模式變遷

　　CPI 的編制必須根據全體家庭的平均支出模式來設計權重，這意味著不同年齡、收入與生活地區的族群，其實感受到的「通膨」程度可能差異極大。例如：退休族較重視醫療費與食物價格，而年輕人則更在乎房租與外食；都會居民支出結構與偏鄉居民差異更為顯著。

　　此外，隨著生活習慣與科技進步，許多新興商品與服務（如串流影音、平臺叫車、冷凍生鮮宅配）尚未即時納入 CPI 範疇，造成某些生活成本的變化未被統計體系反映。例如：2023 年，臺灣主要外送平臺如 foodpanda 與 Uber Eats 陸續調漲訂單服務費，平均每筆訂單的總服務費用較過去上升約 15%～20%。但因該支出尚未形成明確消費品項，導致未被計入物價指數。

　　2024 年，行政院主計總處與中研院合作，開始嘗試在 CPI 中納入「新興數位消費支出項目」，包括 OTT 影音、虛擬會議服務、線上教育課程等，藉以更精準反映現代家庭消費樣貌。這項改革若能持續落實，或將改善指數與感受落差的長期問題。

第三章　你買的東西為什麼變貴？—通膨、成本與全球市場影響

PPI 的訊號意義：企業成本壓力下的價格轉嫁

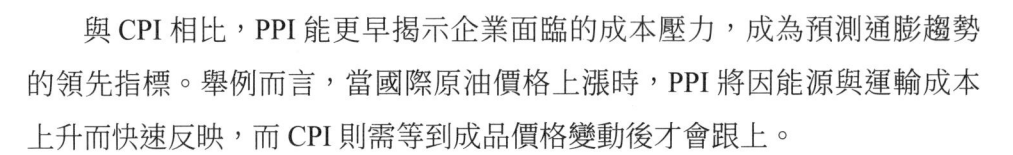

與 CPI 相比，PPI 能更早揭示企業面臨的成本壓力，成為預測通膨趨勢的領先指標。舉例而言，當國際原油價格上漲時，PPI 將因能源與運輸成本上升而快速反映，而 CPI 則需等到成品價格變動後才會跟上。

業者面臨原料上漲壓力時，若無法透過提價維持利潤，就需透過縮減人力、壓縮行銷預算或調整產品規格來應對，進一步影響整體經濟活動與消費信心。

也因此，PPI 上升常被視為「壓力已在前端堆積」的警訊，需留意是否可能向消費端轉嫁，並影響未來數月的 CPI 變化。

2022 年全球航運危機期間，運價指數飆升超過 300%，臺灣多家進口業者面臨巨幅成本壓力，PPI 同步上揚。但因部分企業選擇延後調價或進行縮水包裝，導致 CPI 直到半年後才反映出明顯上升，形成 PPI 與 CPI 間的「遞延效應」。

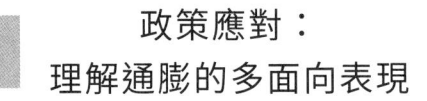

政策應對：理解通膨的多面向表現

理解 CPI 與 PPI 的構成，不僅有助於解析官方數據，也能幫助民眾掌握自身消費模式與通膨感受的落差來源。政府在制定物價政策時，也應考慮以下幾項要點：

- 強化指數代表性：定期檢討 CPI 品項與權重設計，使其更貼近民眾實際消費結構變化。

- 同步發布替代指數：如核心 CPI（排除波動大商品）與分眾 CPI（針對青年、老年、都會族群等），提供更細緻的物價參考。
- 加強 PPI 觀測與解讀教育：讓企業與民眾能提早預判價格變化與經營策略。
- 透明政策溝通：物價政策（如補貼、限價、儲備調節）應明確說明對 CPI 與生活成本的影響，避免民眾誤解或不安。
- 推動通膨識讀教育：將通膨概念納入中學公民與經濟課程，提升未來世代對經濟變動的理解能力。
- 民間參與與資料開放：促進開放資料機制，讓民間機構能建立替代物價指數，形成多元觀察與政策參考。

通膨不是單一數字，而是一連串價格訊號與社會反應的總合。唯有深化對 CPI 與 PPI 的理解，社會才能在面對物價變動時，更理性參與公共討論與個人選擇。

第二節　進口成本與匯率波動：咖啡豆與能源價格上漲的連動性

臺灣為什麼對全球價格變化這麼敏感？

作為高度仰賴進口資源的小型開放經濟體，臺灣經濟對全球價格波動特別敏感。根據財政部 2024 年統計，臺灣進口總額中，原物料與能源類商品占比超過一半，主要包括原油、天然氣、金屬礦物與工業用原料。其中與民生關聯度高的商品，如咖啡豆、大豆、小麥與其他穀物類，亦屬進口依賴度極

第三章　你買的東西為什麼變貴？—通膨、成本與全球市場影響

高的項目，在物價波動中影響顯著。

這些商品價格一旦在國際市場變動，不僅會立即推升進口成本，還會透過企業生產成本轉嫁至消費者端，帶動通貨膨脹壓力。臺灣國內市場規模有限，無法如大型經濟體般以內需緩衝進口波動，使得匯率、能源與農糧價格，成為物價與成本的敏感指標。

咖啡價格為例：
從巴西乾旱到臺北超商漲價

2021～2022年間，全球最大咖啡生產國巴西遭遇百年罕見乾旱與霜害，導致阿拉比卡咖啡豆產量大減逾30%。國際期貨價格從每磅約110美分飆升至近250美分，創下十年新高。同一時期，臺灣多家便利商店與咖啡連鎖品牌，包括7-ELEVEN、全家與星巴克，陸續調漲咖啡售價，每杯上漲約5～15元。雖然咖啡在CPI中占比不高，但因其高頻消費特性與品牌價格公開，成為民眾對通膨感受最強烈的品項之一。

而這波上漲背後除原料成本外，亦包含國際運輸費用上升與新臺幣貶值的疊加效應，使業者不得不反映成本。

匯率的角色：
為什麼新臺幣貶值會讓生活變貴？

匯率是連結本國貨幣與世界價格的橋梁。當新臺幣相對美元貶值時，所有以美元計價的進口品價格便會上升。以2022年為例，新臺幣對美元由27.5元貶至31.5元，貶值幅度超過14%，直接推升進口成本。

第二節　進口成本與匯率波動：咖啡豆與能源價格上漲的連動性

例如一桶以 100 美元計價的原油，在 27.5 匯率下成本為 2,750 元，但在 31.5 匯率下即為 3,150 元，價差近 400 元。這種情況對仰賴進口原油、天然氣與原物料的產業如塑膠、紡織、運輸與食品業影響巨大。

匯率波動並非純由市場供需決定，亦與美國升息、全球資金流動、地緣政治風險與央行政策動向密切相關。因此，臺灣央行在面對快速升息與資金外逃時，往往選擇干預匯率以穩定物價預期。

能源價格的傳導鏈：從油價到電價再到民生

能源商品（特別是原油與天然氣）對整體價格具有高度傳導力。當油價上升，不僅造成加油站油價調升，還會帶動電價、運輸費、製造成本等連鎖反應。

以 2022 年台電虧損為例，受俄烏戰爭影響，國際天然氣與燃煤價格飆漲，導致台電每度電的發電成本大幅提高。然而，政府為壓抑民生通膨壓力，選擇凍漲電價長達一年以上，僅以財政補貼方式支撐。最終造成台電在該年度虧損高達 2,676 億元，創下歷來最大虧損紀錄。此舉雖暫時穩定民生物價，但也引發社會對電價機制、能源轉型成本與財政負擔之間平衡的公共政策辯論。

同樣地，公車票價、航空機票、物流運費等皆在能源成本上升後逐漸調整，消費者生活開銷不知不覺中被全面推高。

第三章　你買的東西為什麼變貴？—通膨、成本與全球市場影響

企業如何應對成本上漲？策略與壓力並存

面對進口成本上升與匯率不利，企業主要採取以下幾種策略應對：

- 產品價格調整：如速食店調整套餐價格、連鎖超市微調促銷機制。
- 縮水與規格轉變：如泡麵內容量減少、咖啡由大杯改中杯、包裝改為薄膜以節省成本。
- 分眾產品策略：推出更高單價的「精品線」，將成本轉嫁至對價格不敏感的消費者。
- 成本吸收與長期議價：部分大型業者選擇透過長約鎖定進口價格，或以規模優勢與供應商重新談判。

這些策略雖有助企業短期維穩，但長期若成本壓力持續，仍難避免逐步向消費端轉嫁，成為潛藏的通膨推力。

政策回應：如何穩定進口型通膨？

針對進口成本與匯率波動造成的通膨壓力，政府可採以下幾項對策：

- 儲備制度完善：加強能源與重要民生物資的戰備儲量，以緩衝短期價格劇烈變動。
- 協助業者避險：透過出口保險、匯率避險工具與中小企業協助機制，降低匯損風險。
- 穩匯政策配套：當匯率大幅波動時，由央行適度進場干預或透過利率工具維持資金穩定。

第二節　進口成本與匯率波動：咖啡豆與能源價格上漲的連動性

- 補貼與稅負調整：如油電補貼、降低特定品項關稅與營業稅，降低最終售價對消費者的衝擊。
- 多元進口來源分散風險：推動與多國簽訂 FTA 或 CPTPP 等協議，降低對單一來源依賴。
- 數位物流與供應鏈升級：提升冷鏈、智慧倉儲與即時運輸管理效率，降低非價格性成本。

透過結合貨幣政策、財政調節與產業支援，臺灣才能在全球價格變動頻繁的環境中，維持生活成本的穩定性與國內物價合理調節的彈性。

第三節　冷鏈物流與生鮮配送的隱形成本

冷鏈是什麼？
為什麼它影響你餐桌上的價格？

冷鏈物流是指一種在低溫環境下對商品進行運輸、儲存、分銷和銷售的供應鏈系統。它廣泛應用於生鮮蔬果、冷凍食品、乳製品、水產、疫苗與醫藥品等對溫度高度敏感的品項。冷鏈的存在使得新鮮食材可以跨縣市、跨季節甚至跨國流通，但也因其技術要求與能源耗損極高，使得整體物流成本遠高於常溫物流。

根據經濟部 2023 年產業統計，冷鏈物流的成本比一般物流高出 2.5 ～ 5 倍，主要來自於冷藏設備、冷凍車輛、控溫包裝材料、能源消耗與人力專業訓練。當這些成本逐步向下游傳導，消費者所購買的生鮮商品自然也更為昂貴。

第三章　你買的東西爲什麼變貴？—通膨、成本與全球市場影響

全聯與生鮮電商的溫度成本

以全聯福利中心為例，2022 年開始強化生鮮冷鏈物流布局，從進口水果、國產肉品到自家冷凍食品全面導入冷鏈儲運設備。其冷藏物流中心從兩座擴增為五座，並投資數億元建構溫控運輸系統與智慧調度平臺。

此外，電商平臺如 momo、生鮮市集與臺灣農產冷鏈物流平臺也紛紛加入「最後一哩」冷鏈戰場，強調兩小時到貨、溫控配送與專人簽收。這些服務背後所需之低溫配送車隊、人力調度與防溫升包裝材料，每一項都是價格中的「隱形成本」。

全聯冷鏈團隊內部資料顯示，生鮮品項每件商品冷鏈成本平均比常溫商品高出 11～17 元。以一包冷藏雞胸肉為例，從倉儲、配送到上架，冷鏈運作成本即占整體售價的 18%。

從農田到餐桌：冷鏈的節點與瓶頸

臺灣冷鏈系統普遍存在幾個關鍵斷點，使得成本無法有效壓縮：

- 產地缺乏預冷設施：部分農產未能在採收後立即預冷，導致進入冷鏈過程前即品質下降，造成後段冷鏈資源浪費。
- 中途轉運點過多：物流中心分布不均，導致貨物需在不同地區中轉，增加冷藏車次與耗能負擔。
- 基層零售端冷儲不足：傳統市場與中小型超商多未設置足量冷藏設備，限制冷鏈商品鋪貨能力。
- 人力素養與監控設備落差：冷鏈需高標準控溫與流程紀錄，部分配送人

第二節　進口成本與匯率波動：咖啡豆與能源價格上漲的連動性

員未受足夠訓練，導致溫度斷鏈風險高。

這些結構性問題不僅抬高成本，也增加產品損耗率，形成無形的社會浪費。

冷鏈電力成本：漲價壓力的來源之一

冷鏈物流系統高度依賴穩定電力。冷藏倉庫、配送中心與車輛冷氣機組均為 24 小時運作，對用電品質要求極高。

根據台電統計，冷藏物流業的平均月用電量為一般零售業的 3.7 倍。2022 年能源價格飆升與台電虧損加劇，使企業普遍面臨「電價調漲」風險，冷鏈業首當其衝。若電價上升 10％，冷鏈商品售價將被動調整 2％～ 3％以維持獲利結構。

此外，對中小型農業合作社與生鮮創業者而言，冷鏈設備購置成本動輒數十萬元，加上維修與人員訓練負擔，使其難以承擔全冷鏈規格，進一步壓縮其在市場上的競爭空間。

誰來吸收這些成本？

面對冷鏈所帶來的額外支出，不同角色採取了不同策略：

- 大型通路商：如全聯、家樂福以量制價，透過規模降低單位成本，但最終仍將部分成本轉嫁至商品價格。

第三章　你買的東西為什麼變貴？—通膨、成本與全球市場影響

- 消費者：在便利與品質提升的前提下，逐步接受生鮮商品價格上升的現實。
- 中小企業：則往往無法投入完整冷鏈系統，導致只能選擇競爭力較低的品項，或轉向低價低品質路線。

這使得冷鏈的普及程度反而強化了產業集中化，也加深了市場的 M 型結構。

政策推進與未來展望

政府自 2020 年起推動「智慧冷鏈推動計畫」，補助農會、產銷班與生鮮企業導入冷藏車、溫控貨櫃與溫溼度感測系統。2024 年擴大冷鏈建設預算至新臺幣 20 億元，並與智慧物流平臺整合數據，提高倉儲與配送效率。

此外，農業部亦規劃與地方政府合作設立「區域冷鏈共用中心」，提升產地預冷與倉儲能量，解決農民初級處理不足的問題。

從制度面來看，未來可持續強化以下幾項策略：

- 推動冷鏈碳盤查與節能補助：結合 ESG 趨勢，補貼綠能冷藏設備。
- 訂定冷鏈標章制度：標示溫控履歷，保障消費者選購資訊權益。
- 開放冷鏈基礎設施租賃平臺：協助小型業者共享設備資源。
- 建置產銷一體化監測系統：提高溫控記錄透明度與法規遵循。

當冷鏈成為維持食品品質與價格穩定的基礎設施，政府與企業應共同承擔起建立公平、高效與永續冷鏈體系的責任。唯有如此，我們才能在享受便利的同時，避免將隱形成本轉嫁給下一代。

第二節　進口成本與匯率波動：咖啡豆與能源價格上漲的連動性

第四節　關稅貿易及匯率影響下的通膨風險

美國關稅政策升溫：對臺灣出口與物價的潛在衝擊

2025年4月，美國政府宣布對臺灣多數進口品徵收最高32%的關稅措施，雖針對半導體等特定產品後減至約10%、並實施90天緩衝期，仍對臺灣出口導向經濟造成壓力。對美出口占臺灣出口總額約24%的高科技與製造業，面臨利潤率壓縮約15%～20%的威脅。

國泰金調查顯示，約34%民眾認為關稅貿易戰是2025年經濟最重要變數之一；對通膨預期值平均定在約2.28%，多數民眾預期物價將高於2%。

雖然中央銀行認為關稅對整體通膨影響正負互抵、整體影響有限，但仍需密切關注政策調整進程與後續貿易談判結果。2025年6月行政院經貿談判辦公室指出，若未能在年底前就特定稅目達成協議，恐影響2026年臺灣產業鏈重組布局與中長期投資預期。

關稅與出口重組：企業成本與價格轉嫁

《2025台灣出口關稅影響白皮書》指出，鋼鐵、機械設備、電機電子、交通工具與橡膠製品等五大產業為高關稅風險族群，須積極多角布局出口市場，避免被高度依賴單一市場導致價格競爭力削弱。企業利潤可能下降，成本壓力可能最終轉嫁至消費端。

實際上，多數外銷導向企業已開始重新評估區域布局。根據臺灣區電機電子工業同業公會（TEEMA）2025年5月報告指出，近四成出口導向企業有

第三章　你買的東西為什麼變貴？—通膨、成本與全球市場影響

意將部分生產基地轉至越南、馬來西亞或墨西哥，以降低美國關稅影響。

貿易不確定性也導致企業加快備貨、提前出貨，形成庫存與價格上的短期波動。例如：出口汽車零組件的 A 企業因預期第三季關稅上升，於上半年大量提前出貨，導致當季庫存水位飆升 40%，進而推動內部成本壓力與物流費用。

匯率變動的雙向影響

2025 年 4 月底至 5 月初，新臺幣兌美元匯率一度升破 30 元，主要受出口提前出貨與外資資金流入影響。匯率變化對出口商品定價產生下行壓力，進口成本則有緩衝效果。

根據中央銀行 6 月公開資料，匯率政策須在三大目標中平衡：

- 穩定出口競爭力；
- 抑制進口通膨風險；
- 避免遭到國際機構貼上「匯率操縱國」標籤。

這使得央行政策須在利率、貨幣供應量與外匯市場操作間來回權衡，維持匯率區間穩定的同時，限制通膨預期心理蔓延。

2025 年 5 月，金管會與主計總處合作推出「動態進口成本追蹤機制」，可即時揭露新臺幣匯率波動對原物料、食品與能源的價格變化模型，用以輔助企業調整進口採購策略。

第二節　進口成本與匯率波動：咖啡豆與能源價格上漲的連動性

成長與通膨預期調整

中華經濟研究院與主計總處共同預測臺灣 2025 年 CPI 年增率約為 1.9%，低於 2% 目標；核心 CPI（排除波動性高的能源與生鮮）亦約在 1.8% 上下。儘管通膨看似溫和，但關稅與匯率變動若反覆出現，有可能引發價格波動。

此外，因全球貿易碎片化與供應鏈重組趨勢加劇，TIER 與其他經濟機構將臺灣 2025 年 GDP 增速預估由約 3.3% 下修至 2.9%、甚至可能低於 2%，此一預估反映關稅與貿易政策不確定性已對投資與消費信心產生壓力。

2025 年第一季工商協進會調查指出，有超過 48% 的中型製造企業將「通膨風險管理」列為未來兩年投資決策優先考量的前三項因素之一。

通膨傳導與政策因應框架

關稅與匯率變動引發的成本上升，若企業將壓力轉嫁至消費端，可能形成實質物價上揚。家庭與消費者若同步感受到基本民生品價格上漲（非反映於 CPI 商品權重高項），通膨壓力可能被低估於統計指標中。

因此政府應建立多層級分析與預警機制：

- 利用 PPI 觀測企業成本壓力預兆；
- 公布分眾 CPI，揭露不同族群通膨感受；
- 與出口企業協商防止短期價格大幅轉嫁；
- 針對受影響產業推出避險補貼或稅制因應；
- 強化對能源、原物料之價格穩定基金機制，避免過度波動；
- 建置「輸入型通膨影響指標儀表板」，結合央行與財政部大數據資料，預

第三章 你買的東西為什麼變貴？—通膨、成本與全球市場影響

警進口型物價風險。

2025 年，臺灣站在全球經濟震盪的風口浪尖，政府能否準確掌握關稅與匯率對內部價格結構的實際衝擊，將成為穩定社會心理預期與物價穩定的關鍵。

第五節　租金與物價的螺旋效應：餐飲業營運壓力解析

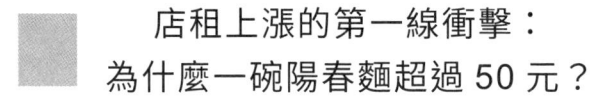

店租上漲的第一線衝擊：為什麼一碗陽春麵超過 50 元？

走進臺北市中山區或信義區，不難發現便當價格普遍突破百元，連一碗陽春麵都可能 50 元以上。租金，是臺灣餐飲業者最大的營運成本來源之一。

根據 2025 年內政部不動產資訊平臺資料，臺北市店面平均租金每坪已達 3,120 元，高於 2019 年的 2,480 元，漲幅近 26%。即使是新北市、新竹市、臺中市等二線城市，也紛紛因生活圈重劃與交通建設帶動，店租平均上漲 15%以上。

當租金飆升，業者唯有透過提高單價、減少人力、壓縮備料成本等方式維持利潤，進而使物價產生螺旋式上升壓力。

第五節　租金與物價的螺旋效應：餐飲業營運壓力解析

餐飲營運三大成本：租金、人力、原料

臺灣餐飲業的經營結構與國際相比獨具特色，以中小型自營品牌為主，約有 89% 的店面為非連鎖經營體，依賴現金流週轉與當地熟客支持。

根據臺灣連鎖加盟協會 2024 年報告，中小型餐飲店面經營成本比例如下：

- 店租成本：約占營收比 25%～35%；
- 人力薪資：占約 20%～25%；
- 原物料與耗材：占約 30%；

也就是說，店租與人力合計便壓縮超過五成營收空間，一旦租金調漲 5%～10%，可能迫使業者重新設計菜單價格，或是裁減部分品項與人手配置。

例如高雄市某知名牛肉麵店於 2025 年 1 月被通知租金調漲 12%，原月租從 58,000 元提高至 65,000 元。業者雖不願提價，但因人力與牛肉進貨價亦上漲，只能將原本 180 元的牛肉麵提高至 195 元。漲幅合理，但顧客反應冷淡，反而導致業績衰退。

螺旋效應的形成：租金上升→價格上漲→需求下降→店家淘汰→房東壓力→再次調整

此現象在經濟學中被視為「成本主導型通膨」（Cost-Push Inflation）的一環，其關鍵在於租金不單是靜態價格，而是具有擴散力的上游成本。

第三章　你買的東西為什麼變貴？—通膨、成本與全球市場影響

房東依據區域行情上調租金後，若多數商圈店面相繼提價，消費者感受即產生價格上漲預期，進一步影響其他非餐飲類商品與服務也同步調價。例如：同一地區的美髮店、美甲店、補習班亦會參考此價格趨勢做出調整。

當消費者開始縮減非必要支出，店家營收下降，進而出現空置率上升。2025 年 3 月市場調查指出，臺北市中山北路段商圈空置率從 2023 年同期的 6.3%攀升至 10.1%。

房東為維持租金水準與不讓租約斷裂，常願意給予短期優惠或重新評估「彈性租金制」，例如以來客數、營收占比為依據調整房租，進一步形成價格協商的新市場模式。

國際比較：亞洲其他城市的房租通膨鏈

不只臺灣，亞洲主要都會區也同樣面臨租金通膨與價格傳導問題。

- 香港：2024 年零售業全面復甦，但租金漲幅超過 15%，中小品牌經營者反映壓力大增。
- 新加坡：餐飲店租金指數五年來成長 23%，導致平均午餐價格在 CBD 商圈突破 SGD12（約新臺幣 280 元）。
- 首爾：江南區與弘大一帶，連鎖品牌占據黃金地段，使小型業者被迫轉移至巷弄二線區域，間接推升租金「遞延膨脹」現象。

上述例子說明租金上升與價格連動現象具有結構性與跨城市可比性，並非臺灣獨有，也代表在高度都市化與地產主導的經濟系統下，價格穩定策略需納入空間結構因素。

政策建議與產業調整方向

為減緩租金對物價的螺旋傳導效應,應從制度面、金融面與租賃市場資訊透明度等面向同步著手:

- 建立商用租金指數透明平臺:提升房東與租戶議價的資訊對等性。
- 推動彈性租金契約制度:引導房東以營收占比、來客量與季度表現彈性調整租金。
- 都市更新配套納入租金調控元素:避免因商圈更新造成短期房租暴漲。
- 中小餐飲業租金補貼或稅賦減免:尤其針對租金占比過高的新創餐飲品牌。
- 空置店面活化政策與稅賦修正:透過閒置稅、短租平臺、社區合作空間等方式提高店面使用率。

唯有從制度與空間機制同步調整,才能從根本上解決餐飲業因租金造成的價格螺旋效應,也讓未來的便當價格不必因為店租問題而節節高升。

第六節　供應鏈斷鏈如何推升價格? 2021 航運危機實例

2021 年的全球海運癱瘓:從塞船到缺貨

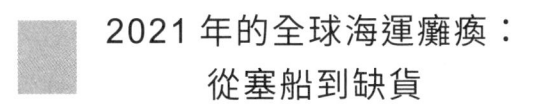

2021 年 3 月 23 日,一艘長榮海運所屬的巨型貨櫃輪「長賜號」(Ever Given) 在蘇伊士運河擱淺,導致全球海運主動脈中斷長達六天。這起事件並

第三章　你買的東西為什麼變貴？—通膨、成本與全球市場影響

非單一危機，而是點燃了一連串供應鏈危機的引爆點。

疫情封鎖與防疫封港已使全球港口效率嚴重受損，加上勞工短缺、艙位不足、集裝箱回流不均，使貨櫃輪班次嚴重延宕。根據美國供應鏈專業協會（ASCM）2021 年報告，該年全球海運平均延誤時間從 2020 年的 4.5 天上升至 8.8 天，貨櫃費用平均增加超過 4 倍。

臺灣企業無一倖免。製造業面臨原物料供應遲滯、進口商則承擔運費飛漲壓力，最終這些成本轉嫁至消費者，構成明顯的輸入型通膨現象。

價格從港口延燒至市場的五個環節

供應鏈斷鏈如何具體推升價格？以下為五個關鍵傳導機制：

- 原料延誤與急單成本：電子零件與原物料到貨不及，企業須付出額外費用空運，或轉向替代供應商，造成平均成本上升。
- 庫存風險轉嫁：製造商與零售商因無法預測補貨時間，提升備貨水位，拉高倉儲成本與現金流壓力。
- 物流費用翻倍計算：2021 年亞洲至歐洲 40 呎貨櫃價格從 2,000 美元攀升至 11,000 美元，部分臺灣進口商反映運費占進貨成本比由 15% 上升至 50%。
- 消費者排隊心理與預購機制：缺貨心理導致價格預期上升，消費者為確保貨源願意支付更高價格。
- 服務品質下降與售價不變的錯位：部分品牌無法如期交貨，造成消費者付出相同價格卻獲得延遲、縮水或替代商品。

第六節　供應鏈斷鏈如何推升價格？2021 航運危機實例

腳踏車、家具與食品的價格調整

臺灣腳踏車大廠巨大、美利達於 2021 年受到歐美運力排擠，延遲交貨平均達 3～5 週。因供應鏈風險，巨大選擇調高部分車型報價 10%，仍造成通路商搶單囤貨。

IKEA 臺灣亦因港口延誤與貨櫃輪塞港問題，公告超過 200 種商品斷貨，2022 年初開始調漲指定家具價格 8%～15%。

食品類商品如橄欖油、冷凍牛肉與麵粉類，因運能不足與原料延誤，出現包裝簡化、容量縮減與平均單價提升的「縮水式通膨」現象。

疫後供應鏈重整：哪些成本變成常態？

即使疫情結束，許多因應斷鏈的調整成本未必回復原狀，反而內建於商業策略之中，具體反映在：

- 近岸外包（Nearshoring）：臺灣業者轉向與東南亞地區建立第二供應基地，雖降低斷鏈風險，但初期投資與複製成本高。
- 多元備貨策略：業者分散進貨來源、拉長交期預備天數，造成倉儲與物流維護費用增加。
- 價格彈性與動態調整機制：許多品牌導入定期調價制度，依據匯率、運費與原物料報價重新計算定價，不再固守年度價格制。

根據資誠 PwC 調查，臺灣企業中有 62% 在 2023～2025 年間調整了其供應鏈風險評估模型，並預期約 15%～20% 的商品將維持因斷鏈調整後的高成本結構。

第三章　你買的東西為什麼變貴？—通膨、成本與全球市場影響

政策與企業調適建議：建立有韌性的供應網絡

為降低未來供應鏈斷裂再度成為物價上行因素，建議政策與企業共同朝以下方向調整：

- 推動智慧物流基礎建設：結合 IoT 與大數據強化供應鏈可視化。
- 建構區域性倉儲聯盟與備援基地：提高國內與區域內替代路線與應變倉儲能力。
- 強化關鍵產業的海運與空運預約權配置制度：確保疫苗、糧食與醫療物資等具戰略價值物品能優先分配運能。
- 與國際合作建立供應安全協議：例如加入《供應鏈韌性夥伴關係》(Supply Chain Resilience Partnership) 以減低單一市場依賴。
- 教育消費者理解成本結構與調價邏輯：降低因不透明或資訊落差造成的價格反感與信任危機。

2021 年的航運危機讓我們明白：物價並非純由通膨指數可解，而是全球鏈條中每一個環節的協同與脆弱性所致。唯有強化供應鏈治理，才能從根本穩定價格、保障消費者與企業的雙邊信任。

第七節　政策補貼會壓低物價嗎？
　　　　租金補貼與台電經費補貼

政府補貼是物價穩定器還是延遲風險？

當物價上漲壓力浮現，許多消費者與企業自然期待政府介入補貼以壓低成本。然而補貼政策是否真能達成「穩定物價」的目的，或只是短期壓抑真實價格訊號、延後市場調整機制的手段，仍存有極大討論空間。

臺灣 2022 年至 2025 年陸續實施多項與生活成本相關的補貼政策，包括房屋租金補貼、能源費用補貼、育兒津貼等，主張「民生減壓、經濟穩定」。其中以租金補貼與台電虧損補貼最具代表性，直接影響到民眾每月支出與整體消費信心。

租金補貼政策：
穩定居住還是推升房東心理價格？

自 2022 年起，內政部推動擴大租金補貼計畫，2025 年預算編列達新臺幣 403 億元，補助對象擴及單身青年、育兒家庭與中低收入戶。平均每戶每月可領取 2,400 至 5,000 元不等的現金補助，用以支應房租支出。

這項政策的初衷是減輕租屋族生活壓力，但市場反應卻顯示「補貼轉嫁」現象逐漸浮現。一些房東察覺房客有租金補貼後，開始提高新簽租金或拒絕議價，導致租屋市場部分區域出現房租膨脹的預期心理。根據 2025 年第一季內政部不動產統計，全臺租金年漲幅為 6.8%，高於過去十年平均的 3.5%。

第三章　你買的東西為什麼變貴？—通膨、成本與全球市場影響

此外，補貼常需房東配合申報，許多現金交易與未報稅屋主不願參與，造成政策實施不均，反而加深租屋市場的「灰色地帶」，使誠實申報者受到房東反制、價格轉嫁甚至要求中止補助等爭議。

台電經費補貼：
冷氣吹得起，但電價真的沒漲嗎？

自 2022 年起，為避免能源成本高漲帶動整體物價與民生壓力，臺灣政府凍漲電價超過 18 個月。2023 年與 2024 年僅局部調整高壓用電戶與工業用電價格，多數民生住宅用電價格維持不變。這項電價穩定措施使得台電在 2024 年累計虧損金額突破新臺幣 3,400 億元。

為了填補營運缺口，政府於 2025 年編列新臺幣 1,350 億元特別預算以支應台電能源進口與燃料成本補助，但該預算至今尚未獲得立法院正式通過。雖短期內意圖穩定家庭用電帳單，但若最終實施，仍可能造成電價「價格失真」的潛在風險。

經濟學上，價格是傳達稀缺與成本的信號，當電價被壓抑，消費者不易察覺能源成本已上升，可能導致用電浪費、節能投資誘因減弱，反而不利於能源轉型與氣候調適。

同時，台電與綠電業者在無法反映真實售價的環境下，將降低再生能源投資報酬率與市場活絡度，形成結構性延遲效應。

第七節　政策補貼會壓低物價嗎？租金補貼與台電經費補貼

實證觀察：補貼政策與 CPI 的真實互動

從統計資料觀察，2022～2024 年間，臺灣 CPI 增幅平均為 2.35%，其中電力、瓦斯與住宅類通膨指數明顯低於全球平均。

主計總處評估，補貼確實在短期內壓抑了 CPI 中的住房與能源類價格增幅，但若將補貼視為「隱性通膨壓力」，以實質購買力加權計算，民眾實際生活成本上升程度仍達 4% 以上。

此外，補貼對 CPI 的作用具有「滯後性」，即使補貼存在，也可能因為市場預期、產業結構調整或成本外溢而逐步反映於其他品項。例如冷凍食品、餐飲服務、冷氣維修等與能源有關產業，其價格仍在 2024 年出現約 6%～9% 的上漲。

政策效益與風險的雙向檢驗

正面來看，補貼可在物價波動期發揮「緩衝器」角色，維持社會穩定、避免民怨爆發，也能針對特定族群進行精準協助，如社宅租金補貼、能源貧戶補助等。

但負面效應也不可忽視：

- 政府預算排擠效應明顯，補貼規模超過年度稅收 5% 以上，將壓縮基礎建設與長期投資空間；
- 價格訊號失真，可能延遲企業轉型與消費者適應；
- 實施對象認定困難與行政成本高，出現誤用與濫領問題。

第三章　你買的東西爲什麼變貴？—通膨、成本與全球市場影響

根據審計部與內政部於 2023～2024 年的調查，截至 2024 年底，累計已有超過 14,500 件租金補貼詐領／溢領案件，其中近 9,900 件尚未完成追繳，涉及金額逾新臺幣 1.28 億元。審計部指出，溢領比例約占所有核定案件的千分之三，反映補貼制度在資格核實、資料比對與追繳機制上仍有不足之處。

補貼不是萬靈丹：如何設計「對的補貼」？

為了讓補貼成為「助力」而非「毒藥」，政策設計應遵循幾項原則：

- 時限與退場機制清晰：避免補貼長期化形成依賴。
- 目標對象明確且動態調整：依收入、家庭型態與地區物價動態調整發放條件。
- 搭配價格透明與宣導制度：讓消費者理解補貼成本與原始價格區間。
- 與結構改革同步：例如租金補貼應搭配社會住宅建設，電價補貼應連動節能設備汰換補助。
- 善用數位治理工具減少濫用：導入大數據與區塊鏈查核補貼對象與使用去向。

結論是：政策補貼可以是抗通膨的暫時手段，但若失衡或設計不良，可能反而成為推升價格預期的潛在動力。唯有補貼與改革並進，才能讓政府資源發揮最大效果，同時維護市場價格的真實與有效功能。

第八節　通貨膨脹與實質購買力：
　　　　你每月薪水的真實價值變化

名目薪資與實質薪資：
看起來加薪，其實變窮？

　　臺灣主計總處 2025 年最新統計指出，全體受僱員工平均名目月薪約為 44,950 元，看似較 2020 年增加近 8.7%。但若考量同期間的消費者物價指數（CPI）年均漲幅達 2.3%，實質薪資僅增加約 2.5%，實際增幅遠不及民眾的生活體感。

　　這樣的現象，正反映了經濟學中重要的概念——名目薪資（Nominal Wage）與實質薪資（Real Wage）的差異。簡單來說，名目薪資是你薪資單上寫的金額，而實質薪資則是扣除物價上漲後，你真正能購買到的商品與服務數量。

　　一名北部上班族 2020 年支出 1,000 元可購買一週三餐外食，2025 年則需 1,230 元才能維持同樣的食物與品質，薪水漲幅明顯被通膨吞噬，這便是實質購買力下降的具體例證。

生活體感物價為什麼高於 CPI？

　　很多民眾認為「政府公布的物價漲幅根本騙人」，其實是因為 CPI 的設計方式與民眾實際消費結構存在落差。主計總處 CPI 編制項目包含衣、食、住、行、育、樂等計價品目，但其「權重」比例反映的是全體家庭平均消費比重，並未特別反映單身青年、育兒家庭或老年人口的特殊需求。

第三章　你買的東西為什麼變貴？—通膨、成本與全球市場影響

例如外食費在單身族的生活中可能占比高達 40%，但 CPI 統計中僅占約 15%；又如幼兒教育費用在育兒家庭為主要支出，但在整體消費權重中不到 5%。因此，對某些族群而言，即使整體 CPI 僅上漲 2.5%，其實際感受到的生活成本可能早已超過 5% 甚至更多。

此外，「縮水式通膨」也是造成感知差異的原因之一。業者在漲價壓力下，可能選擇不調整標價，但悄悄減少分量、縮短有效期限或降低品質，例如便當盒縮小、罐裝飲料容量從 600ml 降至 550ml，這些變化不易反映在 CPI 上，卻直接衝擊消費者的真實支出與滿意度。

■ 青年族群的薪資與負擔：買不起的不是房，是生活 ■

以 25～34 歲青年族群為例，2025 年平均名目月薪為 39,830 元，但根據行政院主計總處家庭收支調查，同年此年齡層平均支出已逼近 35,000 元，代表其可儲蓄金額微乎其微。

當租金、交通、通勤與外食開銷持續攀升，即便每年加薪 2%～3%，仍難以追上物價變化速度，形成「薪水在漲、生活卻更吃緊」的現實。

根據 2024 年一份關於青年經濟焦慮指數的調查，有高達 71% 的受訪青年認為自己「名義收入成長，但實際生活能力下降」，其中三分之一以上表示近三年收入雖調整，卻無法應付房租、食品與保險費用等固定開支。

第八節　通貨膨脹與實質購買力：你每月薪水的真實價值變化

通膨如何扭曲財富分配？

通貨膨脹不僅侵蝕工資購買力，也重構社會階層財富分布。擁有資產者（例如房地產與股票）在通膨環境下資產價格膨脹，財富水位上升；反之，以薪資為主要收入來源者因支出結構緊繃而無法儲蓄、投資，長期處於資產累積停滯狀態。

2023～2025年間，臺灣住宅價格指數上升幅度超過12%，而同期間實質薪資平均成長幅度僅2.8%。房價與薪資的剪刀差愈來愈大，導致新世代進入房市門檻愈加困難。

此外，通膨還會加速「資本回報」優於「勞動報酬」的趨勢，造成所得差距擴大。企業利潤隨價格調整快速擴張，但員工薪資調整需經談判與預算週期，形成結構性落差。根據財政部2024年資料，臺灣企業所得稅申報利潤創歷史新高，但員工平均薪資增幅仍落後同年GDP成長。

什麼能守住你的購買力？

面對實質購買力下降，個人層次可以採取以下策略：

- 調整支出結構：盤點每月必要與非必要支出，從高頻低效支出中找到減項，例如外送、頻繁咖啡、重複訂閱服務。
- 學習基本投資與通膨避險工具：如指數型ETF、通膨連結債券、黃金等，建立抗通膨資產配置。
- 增加可變收入來源：經營副業或技能變現，例如線上課程、斜槓接案、共享經濟參與。

第三章 你買的東西爲什麼變貴？—通膨、成本與全球市場影響

- 教育與專業技能升級：提升職涯競爭力，有助於談判更高起薪與晉升速度。

從政策面來看，政府可強化以下幾點：

- 強化薪資透明制度，鼓勵企業資訊公開，縮短勞資薪資資訊落差；
- 推動青年租屋協議保護機制，避免因房租調漲擠壓可支配所得；
- 訂立「生活成本評估指數」作為 CPI 輔助參考，反映不同族群感受差異；
- 調整教育資助政策與職訓預算，強化青年在轉職市場的流動性與韌性。

購買力之戰：與時間與政策博弈

實質購買力不僅是衡量經濟好壞的指標，更是民眾對未來感到安心或焦慮的關鍵基礎。在通膨環境中，名目薪資的成長若無法跟上實際生活成本的升高，將導致社會不滿情緒累積與階層焦慮加劇。

因此，面對物價攀升與所得遲滯的雙重壓力，個人應具備財務調適能力，社會亦需有對等的制度調整與保障機制。購買力的維持，不只是經濟問題，更是社會穩定與公平正義的核心考驗。

第四章

企業怎麼賺錢?──
利潤、規模與策略的財務解剖

第四章　企業怎麼賺錢？—利潤、規模與策略的財務解剖

第一節　利潤塔模型的結構思維：從毛利到淨利的分層邏輯

理解企業賺錢的全貌：利潤不等於現金

當我們談論企業「有賺錢」，往往指的是企業帳面上的利潤。但什麼是利潤？是總收入減總成本？還是剩下可以分紅的錢？其實，企業利潤的結構層層分明，不是一筆收入扣掉一筆支出那麼簡單。

在財務管理中，「利潤塔模型」（Profit Pyramid）是最基礎且關鍵的結構工具，它將一家公司從營收到淨利的過程層層剖析，幫助經理人與投資者了解價值是如何一步步被「吃掉」的，又從哪裡產生。

利潤塔通常包括以下幾個主要層次：

- 營業收入（Revenue）：企業所有產品與服務的總銷售額。
- 毛利（Gross Profit）：收入扣除直接生產成本（COGS）後所得，例如原料、人力、進貨成本。
- 營業利益（Operating Profit）：毛利再扣除行銷、人事、管理等營運費用。
- 稅前淨利（Pretax Profit）：營業利益扣除利息、折舊與其他非經常性費用。
- 稅後淨利（Net Profit）：扣稅後的真正盈餘，可供股東分紅、再投資或儲備。

這樣的分層邏輯，並非只有大企業才需要清楚掌握。就連一家手搖飲料店，也應該清楚知道，自己每天營業額有多少轉為實質可用的利潤。

第一節　利潤塔模型的結構思維：從毛利到淨利的分層邏輯

臺灣中小企業的常見錯誤：毛利高，不代表真的賺

許多中小企業主常以「毛利率」為獲利判斷指標。例如一碗賣 80 元的牛肉麵，原料與食材只花 30 元，看起來毛利高達 50 元、毛利率逾六成，彷彿賺很大。

但實際上，如果加入房租、人事成本、水電費、稅費、平臺抽成等營業支出，實際能留下的營業利益可能只剩不到 10 元，還不一定能支付業主自己的人力投入。

一般產業分析顯示，小型餐飲業毛利率多在 50%～70%，但稅後淨利率僅約 3%～6%。顯示毛利雖高，但由於營運開支比重大，真正的「剩下來」比例並不樂觀。

這種「紙上富貴」的錯覺，也常使得企業主在初期快速展店，忽略單店盈虧分析，結果拖垮整體資金鏈。

另一項常見誤解，是將現金流視為利潤。其實，帳面盈餘與實際現金流入常有時間落差，若應收帳款未即時收回，會計上的「利潤」也無法支付人事或租金，企業可能反而陷入資金斷鏈的危機。

利潤塔模型的延伸：誰該看哪一層？

利潤塔不只是企業內部經營的工具，也是一種利益溝通的語言。

- 營運主管關注營業利益層次：他們管理的是行銷、人事、租賃等營運效率。

第四章　企業怎麼賺錢？—利潤、規模與策略的財務解剖

- 財務長聚焦稅前淨利與資本成本：他們考慮折舊、融資成本與資金使用效率。
- 股東與投資人看的是稅後淨利與 EPS（每股盈餘）：因為這影響股票價值與紅利。

而若企業同時有多個事業體或據點，也會將利潤塔應用在「利潤中心」（Profit Center）的個別分析，避免「好壞摻在一起看不清楚」。這也為下一節所介紹的阿米巴經營法埋下伏筆。

此外，利潤塔也成為許多創投與銀行進行企業價值評估的基礎。資金提供方更在意企業從營收到淨利的轉換效率，而不只是營業額數字的美化，這也是新創企業在融資簡報中不可或缺的財務思維工具。

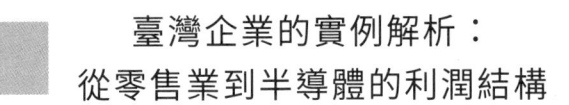

臺灣企業的實例解析：從零售業到半導體的利潤結構

以統一超商為例，其毛利率穩定維持在 34% 上下，但其稅後淨利率僅約 5%。其背後是高度分散的通路布局與物流成本壓力。

相對地，台積電 2024 年報告指出，其毛利率達到 53.2%，稅後淨利率高達 38%。這是因為其產品價值密度高、研發成本可攤提至大量產出、加上規模經濟效應明顯。

此外，像是 CAMA 咖啡、路易莎等臺灣本土連鎖品牌，其利潤塔也具備一定的可視結構。例如 CAMA 的營業收入來自自營門市與加盟權利金，毛利表現不錯，但其品牌維運、人事費用與門市租金吃掉大部分利潤，稅後淨利率維持在 3% 上下。

這顯示即使同樣是「賺錢企業」，其利潤塔結構與效率截然不同，唯有透過系統化的分層理解，才能找出真正創造價值的來源。

掌握分層，才能創利

利潤塔不是會計報表上的冷冰冰數字，而是一家企業健康與否的體溫表。透過分層邏輯，不僅能揭露經營盲點，也能找出提效減損的關鍵環節。

臺灣中小企業如能建立此一財務思維，不僅更容易對接投資者、銀行與政府資源，也能在面對風險與成長時，更理性地做出取捨。

利潤，不只是「有沒有賺錢」，而是「錢從哪裡來、又被吃到哪裡去」。看懂利潤塔，就能在財報之外，看見經營的實質靈魂。

第二節　阿米巴經營法與內部利潤中心設計

從經營哲學到財務實踐：阿米巴經營的核心思想

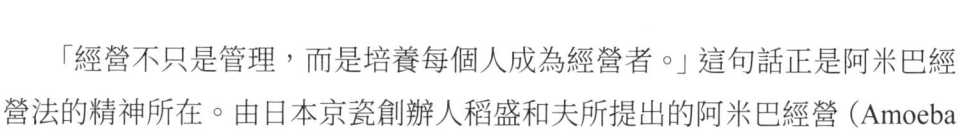

「經營不只是管理，而是培養每個人成為經營者。」這句話正是阿米巴經營法的精神所在。由日本京瓷創辦人稻盛和夫所提出的阿米巴經營（Amoeba Management），其核心不在於提升財報表現，而在於讓每位員工都成為「利潤意識」的實踐者。

阿米巴經營法強調「組織內部利潤中心化」，將企業切分為最小單位（如一個門市、一個生產小組、一個業務單位），每一個阿米巴都是獨立核算的小

第四章　企業怎麼賺錢？—利潤、規模與策略的財務解剖

企業，自行計算收入、成本與利潤，並對自身盈虧負責。

這種方法不僅改變了管理結構，也重構了員工的角色意識，從單純的執行者轉變為經營參與者。

財務視角下的「小經營單位」：為什麼每一組都要算帳？

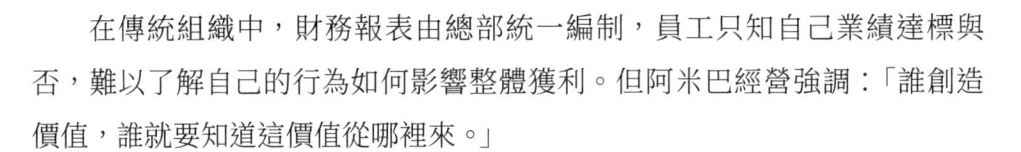

在傳統組織中，財務報表由總部統一編制，員工只知自己業績達標與否，難以了解自己的行為如何影響整體獲利。但阿米巴經營強調：「誰創造價值，誰就要知道這價值從哪裡來。」

因此，阿米巴單位內部會建立自己的簡易利潤表：

- 收入：來自外部顧客或其他阿米巴單位的訂單
- 成本：包含人工、原料、資源使用分攤
- 利潤：以時薪制或人均效益進行比較

舉例而言，一家連鎖飲料店的每一間門市都可以是阿米巴，門市店長須統計每月進貨金額、人力排班成本、POS 銷售額與平臺外送抽成，進而計算出「每小時利潤」——這是阿米巴內部經營效率最重要的指標。

企業導入案例：從製造業到服務業的實驗

在臺灣，部分企業也開始導入阿米巴精神進行組織調整。例如中部一間機械零件製造商，從 2019 年起將生產部門拆分為 5 個阿米巴單位，分別負責

第二節　阿米巴經營法與內部利潤中心設計

不同客戶線的零件加工與出貨。

每一個阿米巴自行記錄成本、工時與生產異常，自主排定生產排程。結果在 2022 年度產線效率提升 11%，並發現某一線每單位產品利潤率落後平均值 8%，導致決策團隊重新設計產品組合。

而在連鎖服務業方面，國內某知名補習班集團則將各地分校定位為阿米巴單位，推動「單校損益自負制」，不僅提升校長經營意識，也促進地區招生行銷創新策略。

阿米巴制度的挑戰與迷思：並非人人適用

雖然阿米巴制度能提升基層參與度與利潤敏感度，但實務上也面臨不少挑戰：

- 人力水準不一，財務素養需培訓：許多基層員工難以理解盈虧邏輯，需經過完整財務教育。
- 會計核算複雜，資訊系統需升級：需將 ERP 系統彈性化，使小單位能即時獲得自身利潤資料。
- 可能造成單位間「內耗競爭」：為爭取獲利，可能損及合作精神，導致資訊封閉或價格內戰。
- 管理階層需有高水準「教練型領導」：鼓勵、引導而非壓制，否則容易流於數字績效化的壓力文化。

因此導入阿米巴，不應只看表面制度移植，而須視企業文化、組織規模與經營者的領導風格調整策略步伐。

第四章　企業怎麼賺錢？—利潤、規模與策略的財務解剖

■ 阿米巴與利潤塔的結合：微觀財務管理的進階工具 ■

阿米巴制度看似是人力與文化改革，其實背後正是利潤塔的微觀實踐應用。

傳統利潤塔是企業整體的財務分層，而阿米巴則將這套邏輯切割到最基層 —— 每個單位都建立自己的微型利潤塔。

如此一來，不僅整體利潤來源可溯源，各單位的盈虧貢獻也能動態評估，達到：

- 彈性資源分配：讓高效單位爭取更多預算與人力
- 策略調整依據：快速淘汰低效業務、轉向獲利潛力高的領域
- 組織扁平化：減少高層指令、鼓勵前線自我經營

■ 讓每個人都成為經營者 ■

阿米巴經營法的魅力不在於它提供了什麼財報魔法，而是它將「企業經營」這件事，變成了組織中每個人都能參與的事情。

在財務日益重要的時代，讓所有成員理解自己如何創造利潤、如何改善成本，正是打造韌性企業與永續獲利的關鍵。阿米巴，正是一種讓企業從數字裡產生人的價值的方式。

第三節　現金流與資金鏈：旅行社倒閉案的啟示

看似獲利卻走向倒閉：營收與現金的錯位危機

2020 年新冠疫情爆發初期，臺灣多家旅行社如雄獅旅遊、五福旅行社等業者瞬間營運受挫。但某中型旅行社在疫情剛起時，帳面上仍顯示 2020 年第一季營收達 8,000 萬元，業績看似亮眼，數週後卻突然宣布倒閉。

真相是：該公司雖帳面有營收，但多為團體旅遊預收款，現金已部分付給境外供應商與航空公司，疫情突來訂單取消、退款湧現，加上銀行緊縮週轉授信，造成公司現金流瞬間斷鏈。這個事件正是現金流（Cash Flow）與獲利（Profit）不一致的典型教材。

從利潤到現金：三層關鍵差異

企業可以「賺錢」卻「沒錢可用」，其原因通常發生在下列三個層面：

- 時間差：例如賒帳銷售的收入尚未收到，報表已列為營收，但現金尚未入帳。
- 資本支出與還本壓力：投資設備、還貸款都需支付現金，卻不會列為成本。
- 存貨與應收款膨脹：企業可能因擴張增加庫存，導致資金卡在貨品與帳款中。

第四章　企業怎麼賺錢？—利潤、規模與策略的財務解剖

以該旅行社為例，疫情前因中國與東南亞團體旅遊熱潮，公司快速收訂金擴充門市，2020 年 1 月僅有約 5%現金為自由可動用，逾 70%資金沉澱於未完成的出團與供應商預付款，流動比率失衡成倒閉主因。

現金流量表的三大功能：利潤塔的補足圖層

相較於利潤塔反映利潤的邏輯結構，現金流量表補足「企業是否真正有錢運作」的視角。其分為三大類：

- 營業活動現金流（Operating Cash Flow）：衡量主營業務能否創造正向現金。
- 投資活動現金流（Investing Cash Flow）：反映購置設備或處分資產所用現金。
- 融資活動現金流（Financing Cash Flow）：顯示公司是否舉債、還本或配息等資金來源與去向。

如果企業營業活動現金流長期為負，代表主業難以維持經常性營運；若靠融資活動維持，僅能撐一時，難以續存。

實例比較：旅行業與電子業的現金結構差異

旅行社業為預收型業態，常見「先收錢、再出貨」的現金流優勢，正常情況下現金流應優於利潤。

第三節　現金流與資金鏈：旅行社倒閉案的啟示

然而在疫情或外部衝擊下，其預收模式反而變成「先付款、被退費、資金卡死」的惡夢，顯現出高現金流風險性。相較之下，電子代工業（如廣達、仁寶）多為月結收款，雖獲利率較低，但現金流長期穩健，銀行信用也因此較好。

這也說明：高營收≠現金流穩定，業態模式決定了現金流風險分布，創業者與投資人應警覺。

預收收入、應付帳款與資金週轉期的管理意識

許多企業忽略資金週轉週期（Working Capital Cycle）——從進貨、加工、出貨、收款的總天數。若收現日數過長、付款日數過短，就會出現「做得越多、錢越不夠」的惡性循環。

根據某產業內部調查，高達 42% 的中型企業負責人無法清楚指出自家公司每月的現金轉換週期。這反映出部分業者對營運資本管理的認知不足，可能對短期現金流與資金週轉造成隱憂。這意味著大量中小企業仍停留在「帳上有利潤就安心」的錯覺。

以實體零售為例，如無印良品，擁有強大的供應鏈與議價能力，能以「現金付款進貨、賒帳銷售」的方式操作，等於享有免費資金運用的優勢。

而反觀規模較小的文創品牌，常須先支付展覽設計、物料成本，銷售端又因通路延遲結帳，資金轉一圈可能長達 60 天以上，風險明顯提高。

第四章　企業怎麼賺錢？—利潤、規模與策略的財務解剖

臺灣企業的風險對策與政策建議

面對現金流風險，企業與政策制定者應考慮：

- 企業應導入現金流預估模型：每月預估現金入出、設定安全儲備下限
- 強化客戶信用評估機制：避免大量應收帳款集中於少數大客戶
- 善用政府信用保險與貸款工具：如中小企業信用保證基金的週轉金方案
- 推動財務素養教育進中小企業內部培訓課程：讓各層級了解營運與資金風險

自 2024 年起，經濟部商業司在部分中小企業輔導課程中，逐步導入「現金流管理」與「風險模擬演練」等主題，協助企業掌握財務敏感度、應對突發資金斷鏈風險。

不怕沒利潤，只怕沒現金

現金流是企業的血液，就算帳上獲利亮眼，若現金斷裂，企業也會立刻癱瘓。

旅行社倒閉案提醒我們：財報表面的風光，遮掩不了底層資金鏈的緊繃。唯有讓財務報表與現金狀況同步被理解，建立「現金至上」的底層風險意識，才能讓企業在波動中穩健前行。

第四節　盈利模式與資本槓桿：電子業如何用設備做生意？

▰ 生產設備不是負擔，是槓桿工具 ▰

臺灣電子製造業，特別是半導體與精密代工產業，向來以高度資本密集著稱。無論是台積電的先進製程晶圓廠，或是鴻海與廣達的自動化產線，巨額資本投資背後並非單純支出，而是一種以設備為槓桿的盈利策略。

設備本身會折舊，資本會貶值，但若企業能夠讓資本投入創造超過其成本的現金流與淨利潤，這項投入就不是成本，而是盈利槓桿。此為「資本報酬率思維」（Return on Capital Employed, ROCE）的核心精神。

▰ 資產報酬率與產能利用率：工廠運轉的關鍵績效 ▰

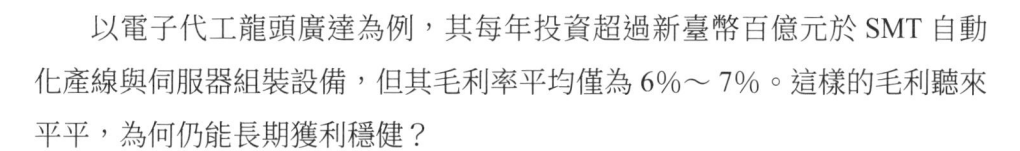

以電子代工龍頭廣達為例，其每年投資超過新臺幣百億元於 SMT 自動化產線與伺服器組裝設備，但其毛利率平均僅為 6%～7%。這樣的毛利聽來平平，為何仍能長期獲利穩健？

答案在於「產能利用率」與「資產週轉率」。廣達將設備切分為彈性產線，依照接單轉換產品型號，提升單位時間產出價值。此外，透過模組化零件採購與預組件技術，壓縮交貨週期，加快設備週轉。

依據財報揭露，廣達 2024 年資產週轉率高達 1.8，遠高於國際同業平均值 1.3，代表其每投入一元資產可創造 1.8 元營收，設備非但未成為沉沒成本，反而是現金流與利潤的槓桿核心。

第四章　企業怎麼賺錢？—利潤、規模與策略的財務解剖

資本密集不代表賺錢困難：設備導向模式的優勢

許多人誤認為高設備投入表示企業壓力沉重，其實若投資得當，高資本密集可帶來以下優勢：

- 進入門檻高：競爭對手不易複製，形成寡占地位。
- 規模經濟效應明顯：產量愈高，單位成本愈低。
- 可與長期客戶形成戰略綁定：如台積電與蘋果、AMD 的深度合作。
- 可搭配財務槓桿操作資金流：設備多由長期租賃或融資租賃（leasing）取得，不壓迫現金流。

以臺灣光電模組製造商「新鉅科」為例，近年積極導入自動化生產系統，並傳出規劃以 AI 視覺設備取代部分手動檢測流程。若以產業同類型案例推估，導入後可將產品良率由 92% 提升至 98% 以上，並顯著減少人工作業，預估可於兩年內回本。此類智慧製造轉型，正逐漸成為傳產升級的重要策略方向。

盈利模式創新：從做代工到做「設備平臺」

近年部分臺廠開始轉型，將原本內部使用的自動化設備模組化，轉向外銷或提供代工方案。例如原為筆電代工廠的 A 公司，於 2023 年開始將其 AI AOI（自動光學檢測）模組標準化，成立獨立品牌銷售給其他工廠，成為新的利潤來源。

此舉不僅降低對單一代工毛利的依賴，也強化設備投資的資產活化效益。

第四節　盈利模式與資本槓桿：電子業如何用設備做生意？

同樣策略也出現在「製程即服務」（Process-as-a-Service）概念中，企業不賣設備，而是出租設備並收取每次啟用費用或產出抽成，轉變為類似平臺經營模式。

資本槓桿與現金流管理：風險與報酬的兩端

然而，資本槓桿若未妥善管理，也容易造成現金流緊縮風險。

若產線投資在景氣高峰期導入，之後景氣反轉、訂單驟減，則固定資產的折舊與融資負擔會在營收縮水下形成虧損壓力。例如 2022 年面板產業大量擴廠，2023 年全球電視需求緊縮，許多廠房閒置，導致報廢與虧損提列。

因此，資本密集企業須同步強化以下能力：

- 精準預測產能規劃與市況
- 彈性調度製程排程與多用途設備設計
- 強化折舊與利息支出控管機制
- 使用租賃或聯合投資降低單方資本風險

設備不只是生產工具，更是盈利結構的核心設計

電子業之所以能在高資本密集環境中獲利，關鍵在於將「設備」從成本轉為價值創造工具。

若企業能善用資本槓桿設計營運策略、強化週轉效率並靈活管理現金流

第四章　企業怎麼賺錢？—利潤、規模與策略的財務解剖

與市場預測，設備就不再是壓力，而是競爭力的來源。從產線布局到財務思維，這場槓桿運算的藝術，才是真正決定電子製造業「用設備做生意」的關鍵所在。

第五節　從品牌溢價看差異化：CAMA 咖啡與星巴克的利潤比較

品牌不只是名氣，是利潤槓桿

當我們走進一間 CAMA 咖啡與一間星巴克，可能都會點一杯拿鐵，但價格卻可相差超過 40%。這樣的差價背後，不僅僅是原料或裝潢，而是一個企業能否透過品牌差異化，創造出超越成本的利潤空間。

品牌溢價（Brand Premium）是企業獲利模型中的無形資產，是消費者對品牌所願意支付的額外金額。它讓企業即使在成本相似的情況下，也能透過價格與價值定位策略擴大利潤空間。

星巴克的全球策略與利潤結構

以 2024 年星巴克全球財報為例，其平均一杯飲品售價約為新臺幣 140 元左右，但原料成本僅占價格的 22%，營業毛利率高達 70% 以上。其關鍵在於：

- 店面選址以高流量與商辦區為主，創造固定消費者群
- 空間與裝潢注重體驗設計，強化「第三空間」的品牌定位

第五節　從品牌溢價看差異化：CAMA 咖啡與星巴克的利潤比較

- 商品多元化與周邊販售（如杯子、咖啡豆）形成加值

星巴克在臺灣約有 580 間門市，每間門市平均營業利潤率可達 18% 左右，為連鎖餐飲業中屬高檔水準。

此外，其透過會員系統推動預付儲值與促銷活動，產生穩定現金流與客戶回購機制，這些皆構成其品牌溢價的實質展現。

CAMA 咖啡的精實營運與平價品牌策略

相對於星巴克，CAMA 咖啡走的是「質感平價」路線，以外帶、立飲為主，省去大面積內用空間與裝潢投入。依產業估算，其平均客單價約為新臺幣 75 元，毛利率約可維持在 55%～60% 之間，顯示其在原物料與人力成本控制上具備一定優勢。

其利潤模型關鍵在於：

- 以小坪數快速展店降低房租負擔
- 產品標準化流程，壓縮製作時間與人力成本
- 單一產品線聚焦咖啡本身，避免多元營運造成浪費

CAMA 透過鮮烘豆品牌定位，吸引對咖啡品質敏感但價格理性的客群，形成自有風格並不與星巴克正面競爭。

自 2022 年起，CAMA 開始導入加盟連鎖制度，藉此擴大市場覆蓋並分散營運風險。根據產業推估，其單店稅後利潤率可達 8%～10%，展現品牌規模與營運效率的逐步提升。

第四章　企業怎麼賺錢？—利潤、規模與策略的財務解剖

▄▄ 品牌溢價的構成要素：不只是 Logo ▄▄

成功的品牌溢價來自多層面建構，包括：

- 產品品質與一致性：保障消費者期待一致
- 消費經驗：服務、空間、等待時間等感受
- 品牌意象與社會定位：如環保、在地文化、性別友善
- 價格策略與信任累積：維持合理價差與價值信賴

星巴克在消費者心中代表的是「跨國經典、社會價值」、而 CAMA 則是「臺灣自有品牌、安心且平價」，兩者皆成功透過品牌敘事與定位拉高客單價或維持顧客忠誠。

▄▄ 利潤表對比：從同樣一杯咖啡看財務結構 ▄▄

項目	星巴克（臺灣）	CAMA 咖啡
平均售價	NT$140	NT$75
原物料成本	22%	30%
租金與人事	35%	28%
營業毛利率	70%	58%
稅後淨利率	約 18%	約 10%

從表中可看出，星巴克雖成本與支出較高，但透過品牌價值成功撐起更高售價與利潤；而 CAMA 則以成本控制與高效率展現不俗表現，形成「雙軌利潤模型」。

品牌力即是議價力

在競爭激烈的餐飲市場中,利潤不單靠規模,更取決於品牌價值的轉化能力。星巴克與 CAMA 咖啡的差異化策略,展現出不同品牌定位與財務結構的巧妙結合。

當品牌成功打造信任、記憶與體驗時,就能在相似產品中創造更高的利潤空間。品牌,不再只是包裝,而是利潤來源的隱形引擎。

第六節　員工分紅與激勵制度的經濟學邏輯

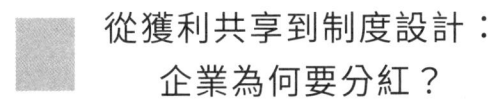

從獲利共享到制度設計:企業為何要分紅?

在企業的利潤分配中,「員工分紅」是最具爭議卻又最能調動士氣的項目。從法令規定的盈餘分配,到制度化的獎金、紅利與股權激勵,企業在「給多少、怎麼給」上,不僅關係人事成本,更牽動員工行為與整體經營績效。

根據臺灣《公司法》第 235 條,若公司有盈餘,應提撥一定比例分配員工酬勞與股東紅利。而許多上市櫃企業亦透過董事會決議設定「員工紅利發放比例」,成為獎酬制度的一環。

但這樣的制度設計,若無清楚經濟邏輯與激勵效果分析,往往容易導致內部不滿、扭曲行為,甚至與企業利潤目標背道而馳。

第四章　企業怎麼賺錢？—利潤、規模與策略的財務解剖

激勵機制的基本原則：報酬對齊與邊際報酬理論

經濟學上，激勵制度應符合「邊際報酬遞減原則」(Law of Diminishing Returns)與「行為對價一致原則」：即報酬的提升應與貢獻成正比，否則將產生道德風險與搭便車效應。

因此，設計獎酬時需考量：

- 可衡量的績效指標：如 KPI、MBO、OKR 等制度對應實際獲利
- 變動比例不應過高：以免波動過大造成不確定性
- 清晰的階層差異與激勵強度：基層與中高階不應混為一談
- 團體與個人獎酬分離：避免高績效者受累於整體表現

臺灣企業的做法：台積電與王品集團的對比

以台積電為例，員工分紅結構清晰，年終獎金與績效紅利合計可達年薪 6～8 個月不等，並以個人績效與團隊營運目標雙軌評估，員工多認為公平透明。

台積電另設「限制型股票(RSU)」與「員工認股計畫(ESPP)」，使員工得以以低價持股，公司績效提升時可獲實質資本收益，進一步提高長期留任意願。

相對地，王品集團則以強調團隊表現的「合店制」為基礎，由店長根據營收獲利、顧客滿意度等指標設定內部分紅標準，激勵基層服務人員參與業績提升。

第六節　員工分紅與激勵制度的經濟學邏輯

兩者分別代表「科技業高技術人才導向」與「服務業現場互動導向」的獎酬設計邏輯。

非財務型激勵的角色：認同、晉升與價值

雖然金錢是最直接的誘因，但在高度知識與創新產業中，「非財務型激勵」逐漸受到重視。

如 Google 內部調查顯示，工程師最重視的不只是獎金，而是成就感、技術自由與晉升機會。

在臺灣，許多新創企業採取彈性上下班、股權期權、內部創業等制度，建立「共同創業、共享成果」的文化，拉近組織距離，提升整體參與感。

激勵制度失靈的五種常見錯誤

(1) 指標設計錯誤：如只看銷售額不看毛利，導致業務拚命折價搶單。

(2) 不透明與不一致：員工無法理解分紅標準，產生猜疑與內耗。

(3) 超額激勵扭曲目標：為達指標出現虛報、壓貨、操弄行為。

(4) 一視同仁造成「搭便車」心態：高績效者失去動力，績效平均化。

(5) 獎酬與企業盈虧無關聯：導致盈虧與獎金脫節，成為固定成本。

第四章　企業怎麼賺錢？―利潤、規模與策略的財務解剖

▰▰ 制度設計的經濟學建議 ▰▰

經濟學家司馬賀（Herbert Simon）曾指出：「組織的設計，是決定人們行為的關鍵規則。」

一個好的激勵制度，不是讓每個人都開心，而是讓整體產出最大化。其關鍵包括：

- 報酬與績效對齊：以個體貢獻為分配基礎
- 彈性機制設計：依部門特性設計不同激勵工具
- 事前清楚揭示規則與分配方式：避免期望與實際落差
- 滾動式檢討與調整：定期檢視獎酬與績效的對應關係

▰▰ 分紅，是財務工具也是文化工程 ▰▰

員工分紅不僅是一種財務手段，更是一種企業價值觀的展現。

唯有建立公平、可預期且與貢獻對應的獎酬機制，企業才能真正激發員工的投入與責任感，在競爭激烈的市場中持續創造利潤。

獲利可以分走，但文化無法複製。激勵的設計，既是數字的計算，也是信任的投資。

第七節　財報透明與獲利真相：
從台積電到 coco 飲料都可茶飲

■ 為什麼「有賺錢」不等於經營良好？ ■

「這家飲料店聽說很賺錢，為什麼突然收掉了？」—— 這是許多民眾在面對知名品牌關店時的疑問。財報透明度不足往往使企業的真實經營狀況蒙上一層霧。

營業額成長未必代表利潤上升，而盈餘數字也可能隱藏著一次性利益、會計調整、租賃資產的攤提等影響。了解財報的結構與限制，是看懂一間企業能否長期獲利的第一步。

■ 台積電的透明財報制度：
公開細節，增信於市

作為全球晶圓代工龍頭，台積電在財報揭露與企業透明度方面堪稱亞洲標竿。每季財報除詳列營收、毛利率與每股盈餘外，亦系統揭示各製程節點營收占比、資本支出規劃與產能利用情況，成為投資人評估營運體質的重要依據。

以 2024 年第二季為例，台積電首次明確揭露 3 奈米製程營收占比達 18%，並於法說會中說明美國亞利桑那新廠建設進度與成本超支因素，如勞動力短缺與設備延遲交付，使市場對其海外擴張風險評價更趨審慎。

此外，台積電每年發布的《永續報告書》亦揭露包含供應鏈碳足跡、員工工安績效與研發投入等關鍵指標，展現其在 ESG 面向的長期承諾，並成為國際機構投資人評估企業價值的關鍵資訊來源。

第四章　企業怎麼賺錢？—利潤、規模與策略的財務解剖

連鎖飲品業的財報迷霧

相較於財報透明度高的上市企業，許多臺灣連鎖飲品品牌如 CoCo 都可、五桐號等雖展店密集、知名度高，但因未上市，其財務資訊揭露程度仍有限。曾有業界報導指出，CoCo 都可在 2023 年中國市場關閉超過 550 家門市。

然而，品牌未具財報公開義務，導致外界難以判斷其成本結構、資金流與加盟金退費運作是否健全。這反映出：即便連鎖品牌營收亮眼，若缺乏透明資訊，仍可能掩蓋各種財務風險，特別在全球市場變動時更容易顯現問題。

營收不代表現金，毛利不代表淨利

常見的財報誤讀包括：

- 只看營收成長：忽略成本上升或應收帳款膨脹造成現金流短缺
- 高毛利掩蓋高固定成本：如租金、折舊與高階管理人事費
- 未揭露非經常性損益：如一次性處分資產、政府補助等

以某手搖品牌為例，其門市年營業額逾 2,000 萬元，毛利率高達 60%，但實際稅後淨利率僅為 2.5%，原因在於裝潢折舊、設備維修與平臺抽成成本高昂，且為吸引加盟店須提供回饋金，導致獲利難以累積。

第七節　財報透明與獲利真相：從台積電到 coco 飲料都可茶飲

上市與非上市企業的財報義務差異

在臺灣，上市櫃公司須依據證交所與金管會規範，定期公告財報、重大訊息與年報，接受會計師查核，違規將受罰。

而未上市企業則不受公開義務限制，常見「報稅所得」與「實際營收」出現落差，或因缺乏獨立審計，難以呈現真實經營面。

這也使得消費者、加盟主與潛在投資者難以掌握企業的獲利品質與風險水位。

財報透明的價值不只給投資人

財報不是只有股東會看，透明資訊能：

- 幫助加盟主理解利潤來源與成本構成
- 提升消費者對品牌經營穩健性的信任
- 吸引優秀人才加入與長期留任
- 降低對銀行與供應商的信用風險

雖然星巴克臺灣營運主體「統一星巴克股份有限公司」並未上市，但其財務與營運概況仍會透過統一超商年報或美國星巴克集團的財報摘要釋出，建立起一定程度的資訊透明文化。

這種資訊揭露不僅有助於消費者與加盟夥伴建立信任，也讓企業在與房東談判租金、吸引人才時更具優勢。

第四章　企業怎麼賺錢？—利潤、規模與策略的財務解剖

▰▰ 透明，是獲利的風險保險 ▰▰

在資訊不對稱的市場中，企業的透明程度決定了其風險承擔與獲利永續性。

若財報只是為了報稅與投資人而存在，那麼企業經營決策將失去應有的外部檢視壓力。唯有讓營運真相如實呈現，從收入到成本、從現金到風險，企業才能從短期獲利邁向長期信任。

透明，不是負擔，是永續獲利的保險。

第八節　當企業變大但不賺錢：共享經濟平臺的虧損公式

▰ 市場占有 ≠ 獲利模式：規模化為何掩蓋虧損？ ▰

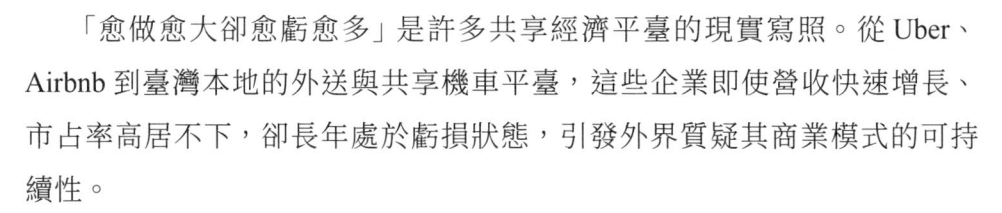

「愈做愈大卻愈虧愈多」是許多共享經濟平臺的現實寫照。從 Uber、Airbnb 到臺灣本地的外送與共享機車平臺，這些企業即使營收快速增長、市占率高居不下，卻長年處於虧損狀態，引發外界質疑其商業模式的可持續性。

這些平臺企業通常以「補貼換市占」為主要策略，透過用戶獲取成本（Customer Acquisition Cost, CAC）高於顧客終身價值（Customer Lifetime Value, LTV）的操作，快速擴張但無法收回前期投入。這並非帳務操作錯誤，而是商業邏輯的風險體質。

第八節　當企業變大但不賺錢：共享經濟平臺的虧損公式

外送平臺雙雄的財報迷霧

在 2023 年的臺灣外送市場中，foodpanda 與 Uber Eats 擁有約 98％的市場占有率，但雙方母公司在接連三年（含 2022 年）皆虧損。以 foodpanda 母公司 Delivery Hero 為例，其 2022 年在臺外送業務淨虧損為約歐元 93.1 M（約新臺幣 33 億元），即便當年營收突破 120 億元，仍虧損約 6.5 億元左右。

虧損主因包括：為刺激成長大規模補貼消費者免運及折扣券、支付高額外送員激勵與抽成優惠，以及行銷費用占營收超過 35％。即使整體訂單與營收上升，單筆交易實際可留存的毛利極低，難以彌補平臺在技術維運、客服與研發等營運成本。

虧損擴張的合理性？成長導向資本思維的迷思

許多平臺企業以「未來會賺錢」為由吸引創投投資，採取「先獲得使用者，再設法變現」的模式。這套策略源自矽谷「成長導向思維」（Growth-first Mindset），認為只要建立規模優勢與網絡效應，日後就能轉為獲利。

但在實務上，網絡效應的邊際效益並非無限。當市場飽和後，平臺必須面對：

- 使用者成長停滯，行銷費用增加
- 補貼結束後顧客流失率升高
- 競爭者以更低價格切入

這使得許多平臺企業在成長高峰期仍持續虧損，甚至進入「赤字無底洞」的惡性循環。

第四章　企業怎麼賺錢？—利潤、規模與策略的財務解剖

營收結構與獲利模型的錯配

共享經濟平臺常見的問題是：營收來自交易抽成（take rate），但成本來源廣泛且高不可控。例如：

- 騎士或司機的招募與留任成本
- 保險、補償與勞動法規合規支出
- 用戶端 App 與後臺系統維運成本
- 跨國交易產生的稅務與匯損風險

這些支出大多為變動性，但又難以削減，導致即使單筆交易有收入，卻仍需規模極大才能攤平固定與變動成本。

以共享機車業者為例，其營收多數來自用戶租賃費，但車輛折舊、電池維運與停車空間租金卻難以壓低。據估計，臺灣某大型共享機車平臺 2023 年平均每輛車每月折舊與維修成本近新臺幣 6,000 元，單靠短途租借難以收回成本。

獲利可能嗎？平臺經濟轉骨的三大方向

儘管虧損持續，但仍有平臺企業正積極轉型以下策略：

- 從單純媒合轉為價值鏈整合：如 Uber Eats 推出自營雲端廚房，掌握更多毛利來源
- 優化費率與用戶分級策略：如 Gogoro 採會員制訂閱方案，穩定現金流
- 跨域應用技術資產：如將配送演算法授權他用，創造技術授權收入

第八節　當企業變大但不賺錢：共享經濟平臺的虧損公式

但這些轉骨策略能否有效扭轉虧損體質，仍須觀察其是否改善單位經濟（unit economics），即「每筆交易是否能帶來正現金流」。

擁有市場不等於擁有利潤

共享經濟平臺的虧損，並非短期經營不善，而是結構性商業模型設計問題。規模與用戶數固然重要，但若無法在交易中創造穩定利潤，平臺終將無法永續。

未來的共享經濟平臺，應從「比誰大」轉為「誰能留下錢」，唯有建立真正可持續的單位經濟與獲利模型，才是從風口活下來的關鍵。

第四章　企業怎麼賺錢？—利潤、規模與策略的財務解剖

第五章

我們怎麼參與世界經濟？
——貿易、出口與外資的連結

第五章　我們怎麼參與世界經濟？—貿易、出口與外資的連結

第一節　比較利益理論與臺灣出口型經濟模型

理論起點：比較利益如何形塑全球分工

比較利益理論（Comparative Advantage）由經濟學家大衛‧李嘉圖（David Ricardo）於西元 1817 年提出，其核心觀點為：即使一國在所有商品的生產上都具有絕對優勢，只要它在某些商品上的相對生產效率更高，仍可透過專業化與貿易，實現雙贏。

這一理論深刻改變了各國經濟戰略思維，也成為世界貿易組織（WTO）與多邊自由貿易談判的理論基礎。在現代經濟體中，許多中小型開放型經濟體（如新加坡、韓國與臺灣）皆採行「出口導向」策略，藉由發揮比較利益，在全球價值鏈中爭取關鍵地位。

臺灣模式的形成：從加工出口到科技主導

臺灣自 1950 年代後期，開始由進口替代轉型為出口導向。1966 年政府設立第一個加工出口區（高雄前鎮），吸引外資投資製造業，並形成「加工－出口－再投資」的正向循環。

1970 年代至 1980 年代，臺灣出口項目從紡織品、塑膠轉向電子零組件與電腦周邊產品。進入 1990 年代後，隨著半導體業崛起，臺灣逐漸發展出以科技代工為主的出口經濟體系。

以 2024 年臺灣出口數據為例，全年出口總額約為 4,750 億美元（折合新臺幣約 14 兆元），其中積體電路與電子零組件出口占比約為 35%，而若再將通訊設備、電腦周邊及工業機械等產品納入「資訊電子與機械產業」類別，整體占比可超過 60%，顯示臺灣在全球科技供應鏈中的核心地位。

比較利益的現代化解釋：全球價值鏈中的利基定位

傳統的比較利益以「勞動投入」為基礎，但在當代全球經濟，更多是以產業鏈細分、知識資本與制度效率為比較標準。

以臺灣為例：

- 半導體製造由台積電主導，專攻晶圓代工而非設計與封裝
- 腳踏車業者如捷安特（Giant）與美利達（Merida），聚焦中高端 OEM 與歐美品牌策略合作
- 機械與工具機業者如上銀科技，專注高精密線性滑軌系統，在德國與日本之外建立第三極

這些皆不是單純比較「誰更便宜」，而是比「誰更快、誰更準、誰最值得信賴」。臺灣的比較利益正是由高品質、穩定交期與全球客戶協作能力所構成。

案例分析：臺灣對美出口結構的轉變

以對美出口為例，根據經濟部國貿局數據，2023 年臺灣對美出口項目中，前五大品項依序為：

第五章　我們怎麼參與世界經濟？―貿易、出口與外資的連結

- 積體電路（IC）
- 通訊與網通設備
- 機械零件與工具機
- 電腦與周邊設備
- 醫療器材

　　這顯示臺灣的出口結構已大幅脫離過去的「低價量產」，轉向高附加價值與 B2B 為主的供應鏈支援型態。

　　此外，出口對象不再僅限單一大國，東南亞、歐洲與印度市場亦快速成長，逐漸降低對美中雙邊貿易的依賴風險。

比較利益的挑戰與限制

　　然而，過度專注某幾項產品或單一市場也會產生風險：

- 產業集中風險：以台積電為例，其 2024 年第二季北美市場營收占比逾 65%，主要客戶集中於蘋果與 NVIDIA，顯示業務對特定區域與客戶高度依賴，增加市場波動風險。
- 出口品項波動：COVID-19 疫後，臺灣腳踏車出口市場需求驟減，2023 年整體出口額下滑超過 18%，反映疫情紅利消退與全球去庫存壓力。
- 對外依存高度：臺灣貿易依存度長年超過 65%，一旦全球景氣下滑、地緣政治緊張或技術規範變動，都將對臺灣出口動能與產業發展產生顯著影響。

　　此外，氣候變遷、ESG 政策、關稅壁壘等非經濟因素，也正在重塑全球貿易邏輯，使原本「低價高效」的比較利益開始受到制度條件制約。

從比較利益到策略自主

比較利益理論仍為出口型經濟的核心邏輯，但臺灣的下一步，不能只是「擅長什麼就出口什麼」，而是要問：「這項能力是否能帶來可持續的競爭優勢？」

唯有從比較利益走向策略選擇 —— 選擇利基、選擇客戶、選擇生產模式，臺灣才能在全球供應鏈變動中，持續維持出口型經濟的韌性與價值。

比較利益，已不再是成本的比拚，而是價值創造的決勝場。

第二節　匯率變動對出口的影響：新臺幣升值怎麼影響外銷？

匯率與出口：一體兩面的價格槓桿

在出口導向的經濟體中，匯率不只是金融數字，更是直接影響企業競爭力的價格槓桿。當新臺幣升值，臺灣商品對外國買家而言價格變貴，出口可能受壓；當新臺幣貶值，出口產品變便宜，理論上有利於增加接單與國際競爭力。

然而，實務上匯率的影響遠比想像中複雜，與產業類型、進口原料比重、訂單週期及避險工具使用等變數高度相關。

理論基礎：匯率傳導與價格彈性理論

根據國際貿易經濟學，匯率變動影響出口的機制包括：

- 價格競爭力改變：商品價格以外幣計價後上升或下降

第五章　我們怎麼參與世界經濟？—貿易、出口與外資的連結

- 所得效果：外國買家購買力變化
- 成本結構調整：進口原料價格改變

當出口商品的價格彈性大，即價格下降可明顯增加銷量時，匯率貶值更具促進效果；反之，若產品為高價值、替代性低者，匯率波動影響反而有限。

臺灣實例：新臺幣升值時期的出口觀察

以 2021 年為例，當時新臺幣兌美元匯率一度升破 27 元，創下近 24 年新高，引發出口業普遍擔憂。以臺灣工具機產業為例，其出口報價多以美元計價，匯率升值導致利潤空間被壓縮。

根據經濟部統計，2021 年第四季，雖出口值成長，但多家中小型出口商在報表中反映因匯率變動而出現「營收成長利潤反跌」的情況。

以佳能精機（化名）為例，其產品單價維持每臺 30,000 美元不變，當匯率由 29 貶至 27，等於每臺產品折合新臺幣減少 6 萬元，若毛利僅有 10%，實際利潤幾乎全數被吃掉。

不同產業的匯率敏感度差異

不同產業對匯率的敏感度差異極大：

- 高原料依賴型（如石化、鋼鐵）：受惠於新臺幣升值可降低進口原物料成本
- 高本土附加價值型（如半導體代工）：毛利高、品牌溢價強，匯率波動影響較小
- 中小型代工業者：依賴外幣訂單、無避險工具，最易受影響

第二節　匯率變動對出口的影響：新臺幣升值怎麼影響外銷？

根據台經辦與中經社最新調查顯示，2025 年製造業中已有約 65.6%的中小企業採取某形式匯率避險；但其中大部分屬於「自然避險」（如雙幣交易或保留美元現金），直屬金融工具避險者僅有約 32.9%使用遠期合約、選擇權等正式避險工具。非製造業企業則約有 40%表示已採用任何形式避險機制。

這顯示中小企業多數仍以被動方式應對匯率變動，缺乏對正式避險工具的廣泛採用與整合。

匯率避險策略與政策工具

為因應匯率波動，企業可採行以下策略：

- 自然避險：將進出口幣別對沖，如以美元採購原料
- 金融避險工具：透過遠期外匯、期權等操作
- 合約訂價機制：與客戶約定以固定匯率或區間調整條款
- 分散市場與幣別結構：拓展至歐元、日圓市場

政府也提供部分工具協助，如中小企業信保基金與輸出入銀行提供匯率諮詢與避險融資產品。

升值不等於危機，關鍵在於風險管理

新臺幣升值未必對所有出口皆為負面，關鍵在於企業是否具備足夠的利潤彈性與避險意識。唯有在策略上建立對匯率的敏感度與因應能力，臺灣出口企業才能在波動的匯率環境中穩健前行。

匯率如潮，無可抗拒，但我們可以學會掌舵。

第五章　我們怎麼參與世界經濟？—貿易、出口與外資的連結

第三節　出口集中度與單一客戶風險：台積電與蘋果關係解析

▰ 客戶集中不是祝福，是風險的起點 ▰

在全球供應鏈高度分工的背景下，臺灣許多出口企業往往依賴極少數核心客戶。當企業能成功與國際大廠合作，短期內的營收與市占率自然水漲船高，但長期而言，「過度集中」反而可能成為營運風險的引爆點。

根據經濟部 2023 年產業分析報告，臺灣主要出口企業常面臨高度客戶集中風險，前十大出口企業中的多數，其前五大客戶營收占比均超過 60%。

以台積電為例，其 2023 年營收中，蘋果單一客戶貢獻約 25%，而前十大客戶合計約占 68% 的總營收。這代表台積電對特定客戶的依賴度極高，一旦該客戶需求波動，便可能對營運與財務表現造成重大影響。

▰ 台積電與蘋果：深度合作下的結構性風險 ▰

台積電（TSMC）是全球最大的晶圓代工廠，而蘋果則是其最大單一客戶。根據台積電年報資料，2022 年度蘋果貢獻其營收比例達到 23%，且此比例自 2016 年以來持續上升。

蘋果主要委託台積電代工其 A 系列處理器、M 系列晶片與部分無線晶片，幾乎獨占其最先進製程（如 3 奈米、5 奈米）。這種「技術先進、訂單集中」的模式，固然使台積電在研發上穩定投入，但也形成三項潛在風險：

第三節　出口集中度與單一客戶風險：台積電與蘋果關係解析

- 訂單波動高度依賴蘋果新品週期：iPhone 銷售疲弱將直接影響晶圓投片量
- 議價能力反向轉移：雖台積電技術領先，但蘋果規模優勢使其具備一定價格談判力
- 地緣政治放大風險：若蘋果因政治壓力調整供應鏈，台積電營運將首當其衝

中小企業的集中風險更為脆弱

不僅是台積電，許多中小型出口商更因資源與品牌有限，難以分散客戶結構。以某電子零件代工廠為例，其營收 85% 來自一間日本工具機品牌。當 2022 年該品牌因市場萎縮削減訂單時，該廠立即陷入虧損並裁員 20%。

這類「過度仰賴單一客戶」的模式在中小企業中並不罕見。根據工業技術研究院（工研院）與中小企業處過往調查與研究觀察，臺灣中小型出口企業普遍存在單一客戶依賴現象。在部分產業中，主要客戶的營收占比甚至超過 70%，顯示客戶集中度偏高。然而，大多數企業對此風險缺乏備援策略，能在短期內（如一年內）完成替代客戶切換的比例相對偏低，反映出其在通路開發與市場彈性上的挑戰。

應對策略：從營收集中度到客戶結構健康指數

根據國際顧問機構如 Deloitte 等所提出的供應鏈與營運風險管理實務建議，企業可透過下列指標作為評估單一客戶依賴風險的參考依據：

第五章　我們怎麼參與世界經濟？—貿易、出口與外資的連結

- 單一最大客戶的營收占比是否超過 30%
- 前五大客戶合計占比是否超過 60%
- 是否能在 12 個月內開發兩個以上具相同性質與規模的替代客戶的能力

此外，企業亦可採行以下策略分散風險：

- 導入客戶分級管理：分為核心、成長與潛力客戶，制定不同經營策略
- 研發多元化產品以擴大客戶池：以不同規格打入多產業應用
- 提高售後服務與系統整合能力：建立更深黏著度，提升切換成本
- 善用政府海外拓銷資源：如外貿協會推動的產業拓展團

從單一依賴到策略轉型：聯發科的對比經驗

作為另一個半導體代表，聯發科曾在 2010 年初期過度仰賴中國山寨機市場，營收成長後卻陷入品質質疑與市占急跌。自 2014 年起，聯發科積極開發美國、印度與歐洲市場，並從手機晶片延伸至 WiFi、智慧電視與車用晶片領域，逐步降低單一客戶依賴。

2023 年聯發科前五大客戶占比已降至 47%，海外市場多元程度優於同業，也使其面對地緣政治與景氣波動時展現更高韌性。

出口不只要大,也要穩

單一客戶集中,或許能在短期內快速成長與獲利,但長期而言,卻容易使企業處於被動、脆弱與風險累積的狀態。

唯有從「接到大單」轉為「穩定經營多客戶」的體質建構,臺灣出口企業才能在全球經濟風險升高的年代,持續站穩腳步,邁向長期競爭力。

出口不只是規模比拚,更是結構穩健的比賽。

第四節　加工出口區與區域經濟的發展史

起點:加工出口區如何帶動臺灣外銷起飛

1966 年,臺灣政府在高雄前鎮設立第一座加工出口區(Export Processing Zone, EPZ),當時亞洲各國尚未普遍實施此類經濟特區制度。這一舉措象徵著臺灣從「進口替代」邁向「出口導向」的重大轉折。

加工出口區的基本模式是:企業將原物料進口至區內進行加工,再將產品全數出口。為鼓勵外資與出口導向型投資,政府提供關稅減免、土地租稅優惠、行政協調與勞動力供應保障。

這種封閉式管理、高度效率導向的制度設計,在 1970～1980 年代創造出口奇蹟。前鎮加工區在成立後 10 年間共引進超過 600 家廠商,帶動當地工業密度與就業爆發式成長。

第五章　我們怎麼參與世界經濟？—貿易、出口與外資的連結

區域經濟成長的引擎：從前鎮到臺中與楠梓

1970 年代起，臺中與楠梓加工區相繼成立，使出口導向工業擴散至中部與南部地區。加工區逐漸成為地方經濟的核心引擎，不僅集中就業人口，也帶動供應鏈與生活機能發展。

根據經濟部加工出口區管理處統計，至 2022 年為止，全臺加工區累計引進超過 6,000 家企業，創造近 130 萬個就業機會，占全國製造業就業比重超過 18%。其中以半導體、精密機械與醫材業者為主。

尤其在臺中，周邊形成精密機械聚落，如工具機、汽機車零組件供應鏈，成為臺灣中部經濟重要支柱。

持續轉型：自由貿易港區與高附加價值導向

隨著世界貿易體系演變，加工出口區面臨以下挑戰：

- 低附加價值組裝轉向海外：東南亞人力成本更低，吸走部分製造訂單
- 環保規範與土地利用壓力上升：區內產業需轉型升級
- 全球供應鏈數位化加速，製造不再集中化

因此，政府自 2005 年起推動「自由貿易港區」概念，將傳統加工區轉型為「高值製造、智慧物流、研發基地」。例如：

- 臺中港設立自由貿易港區，整合報關與物流
- 臺南科學園區導入智慧製造設備與新創基地

第四節　加工出口區與區域經濟的發展史

- 高雄軟體園區結合金融、資訊與設計產業

這些轉型努力顯示出臺灣加工區已不再僅是勞力密集出口的據點，而是朝向創新與研發聚落發展。

區域均衡發展的經濟學啟示

加工區制度除帶動出口外，也成為區域經濟政策的重要工具。透過選址與基礎建設投資，成功促進中南部工業化，減少地區落差。

以臺南為例，自設立新市科學園區與鄰近加工區後，地方 GDP 成長率持續高於全國平均，失業率則低於六都平均。

這樣的模式亦應用至新竹（科學園區）、南投（中興園區）、彰化（自動化機械設備製造業）等地，創造出區域發展的「次核心城市」。

加工出口區的歷史，是臺灣經濟的骨架

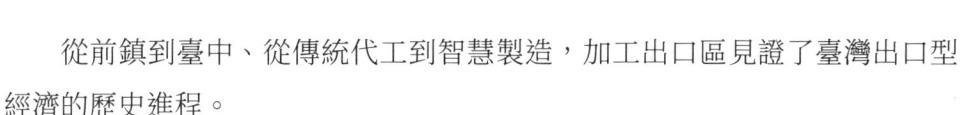

從前鎮到臺中、從傳統代工到智慧製造，加工出口區見證了臺灣出口型經濟的歷史進程。

它不僅是空間與制度的創新，更是臺灣產業政策、區域平衡與全球連結的核心場域。

未來面對全球供應鏈重組與區域經濟競爭，加工區若能進一步數位轉型、連結在地人才與新創，將持續扮演引導臺灣進軍全球市場的橋梁角色。

第五章　我們怎麼參與世界經濟？—貿易、出口與外資的連結

第五節　國際品牌授權與自有品牌轉型：運動鞋代工的策略選擇

從 OEM 到 OBM：品牌價值如何重塑企業定位？

臺灣鞋業過去以 OEM（代工製造）起家，為 Nike、Adidas、Reebok 等國際品牌大量生產運動鞋，是典型的比較利益型產業。但近十年來，全球品牌趨勢與供應鏈策略變化，迫使臺灣代工企業不得不思考：「繼續為人作嫁，還是開始打造自己的品牌？」

品牌授權與自創品牌的轉型路徑，成為企業獲利模式與競爭優勢重構的關鍵選擇。

臺灣鞋業的 OEM 歷史與全球連結

自 1980 年代起，臺灣成為全球運動鞋最大生產基地。寶成工業與豐泰企業等代工大廠承接 Nike 與 Adidas 等品牌，形成以東莞、越南為生產重鎮的跨國製造網絡。

寶成集團曾於 2020 年擁有 Nike 全球鞋品代工市占率超過 20%，旗下製鞋工廠遍布印尼、越南與中國，總年產量突破 3 億雙，堪稱全球最大運動鞋代工商。

但高度依賴國際品牌授權的模式，意味著：

- 盈利空間受限於報價機制與品牌成本壓力

第五節　國際品牌授權與自有品牌轉型：運動鞋代工的策略選擇

- 品牌端轉單或自建供應鏈將造成訂單消失風險
- 缺乏消費者資料與品牌控制權，難以發展直售模式

自有品牌轉型：幾家成功與未竟的嘗試

面對利潤壓縮與成本上升，部分業者選擇從 OEM 轉向 ODM（設計代工），甚至 OBM（自有品牌）。

- 豐泰企業旗下 YONEX 臺灣區總代理：結合羽球品牌經營，強化設計與通路控制。
- 寶成集團嘗試自創品牌 YUE YUE：初期在中國市場推出，但因缺乏差異化與行銷資源未能站穩腳步，最終回歸核心製造。

這些案例顯示，轉型非單靠設計與技術，更需通路、品牌故事與使用者經驗的整合。

品牌授權制度的兩面性

在 Nike、Adidas 等國際大廠推動品牌控制收縮、轉向直接經營零售與電商之際，品牌授權（Brand Licensing）已不如以往具長期穩定性。

授權方逐步要求：

- 更嚴格的合約規範與品質控制
- 更多投資在品牌建設與在地行銷
- 較低的議價空間與更高抽成比例

第五章　我們怎麼參與世界經濟？—貿易、出口與外資的連結

對於代工企業而言，若無法從品牌授權擴展到品牌共創或雙品牌行銷，便容易陷入成本壓縮與合約壓力中。

▰ 策略選擇：三種轉型路線的經濟學解析 ▰

(1) 高附加價值 ODM：提升設計力與快速反應能力，掌握產品企劃主導權。

(2) 小眾市場 OBM：聚焦特定使用者族群，降低與國際品牌正面衝突。

(3) 平臺合作品牌共建：與大型運動平臺如 ASICS、Decathlon 建立長期產品共研模式。

經濟學者指出，品牌轉型的核心在於「邊際價值控制力」(Marginal Value Capture)，即企業能否在產品價值鏈中取得最終消費者認同的價值片段。

▰ 品牌，不只是 Logo，是商業主導權的證明 ▰

在運動鞋業中，品牌已不再只是設計與行銷的結果，而是決定誰能主導供應鏈、誰能接觸消費者、誰能掌握議價權的核心武器。

對臺灣鞋業而言，未來的挑戰不是要不要轉型，而是如何透過策略清晰的品牌管理，將過去的製造實力轉化為新的獲利模式與長期競爭力。

第六節　ECFA、CPTPP 與區域自由貿易協定的影響

貿易協定是工具，不是終點

在全球貿易體系日益區域化的趨勢下，參與自由貿易協定（FTA）成為中小型開放經濟體的必修課。臺灣由於外交處境特殊，參與雙邊與多邊經濟合作的空間受限，因此對任何形式的經濟協定特別敏感。

2010 年啟動的《海峽兩岸經濟合作架構協議》（ECFA），以及近年臺灣積極爭取加入的《跨太平洋夥伴全面進步協定》（CPTPP），正是臺灣企業面對區域經濟整合時的兩大政策關鍵點。

ECFA 的現實效益與風險邊界

ECFA 自 2010 年簽署生效，開放兩岸部分商品零關稅或降稅進口。根據財政部統計，自實施起至 2020 年，ECFA 早收清單產品累計為臺灣帶來逾 90 億美元出口效益，主要集中在石化、工具機、腳踏車與紡織等產業。

但這類以「個別商品減稅」為主的優惠架構，也隱含高度依賴單一市場的風險：

- 2021 年起中國單方面暫停部分 ECFA 項目優惠（如石化產品），反映政治風險加劇
- 企業投資決策過度依賴對岸市場，產生產能配置僵化
- 造成部分內需型產業被傾銷商品壓縮生存空間

第五章　我們怎麼參與世界經濟？—貿易、出口與外資的連結

換言之，ECFA 雖曾在短期內擴大出口動能，但其對企業中長期國際化布局的幫助有限，甚至在政治波動下成為經濟武器化的場域。

CPTPP：門檻更高但獲益更長遠

與 ECFA 不同，CPTPP 強調的是高標準貿易規範，包括：

- 關稅全面削減（涵蓋率逾 95%）
- 智慧財產權保護、勞工權益保障
- 透明政府採購與非關稅障礙消除

臺灣於 2021 年正式提出加入 CPTPP 的申請。若能順利加入，臺灣將能與日本、澳洲、加拿大、墨西哥等 11 國建立制度性貿易通道，對中小企業與非對中出口產業（如機械、醫療器材、生技）具重大助益。

以中部精密機械業為例，若臺灣成功加入 CPTPP，出口至墨西哥與智利可享 0 關稅，有助拓展中南美市場，減少對單一市場依賴。

臺灣企業的因應與轉型挑戰

面對兩種不同類型的經貿協定，企業的應對邏輯應從「關稅考量」轉向「制度符合度」與「市場多元化」。

挑戰包括：

- 臺灣部分中小企業尚未建立產品原產地證明體系，難以適用 FTA 關稅優惠

- 智慧財產權、環保與永續規範不符合 CPTPP 要求者恐被排除於供應鏈外
- 對自由化後產業競爭力評估不足,產業調整配套準備不及

這也反映出臺灣不僅需爭取 FTA 參與權,更需提升本地產業的制度合規能力與外銷韌性。

不只是簽了什麼,而是企業能不能走得出去

區域自由貿易協定的本質,在於降低企業跨境障礙、強化供應鏈整合力。但真正能讓企業受益的,不是政府簽下了什麼條文,而是企業是否準備好迎接「更自由但更嚴格」的市場競爭。

臺灣若能藉由 CPTPP 這樣的高標準制度,強化自身制度整備與國際連結力,方能從「出口依賴」轉型為「市場拓展」的供應鏈夥伴,確保長期競爭力。

第七節　臺灣海外投資與生產移轉:腳踏車業的越南布局

全球供應鏈重組中的臺灣腳踏車業

在 COVID-19 疫情、地緣政治與氣候法規接連衝擊全球供應鏈的背景下,臺灣製造業也進入新一輪的海外布局與產地重構潮。腳踏車產業作為臺灣最早國際化、品牌化的製造業之一,正面臨出口市場擴張與本地製造成本升高的雙重壓力。

第五章　我們怎麼參與世界經濟？—貿易、出口與外資的連結

以捷安特（Giant）與美利達（Merida）為代表的臺灣腳踏車業者，在 2020 年前後大舉加碼投資越南與東協國家，試圖在保留臺灣設計與品牌核心的同時，建立更具彈性與成本優勢的生產基地。

為什麼是越南？轉移的政治與經濟邏輯

越南之所以成為腳踏車產業生產轉移的首選，主要出於以下幾個因素：

- 與歐盟簽署自由貿易協定（EVFTA），可享關稅優惠，避開臺灣出口至歐盟仍面臨的 6% 關稅
- 人力成本相對低廉，約為臺灣本地的三分之一
- 政治穩定、外資法規友善，並設有工業區與加工出口區支援製造業落地
- 中美貿易戰下的產地避險策略，可降低來自美方對中製產品的加徵關稅風險

這些因素不僅有助於降低製造成本，更為出口到美國與歐洲市場的最終產品提供關稅競爭力，成為推動生產轉移的重要誘因。

企業實例：巨大在越南的設廠經驗

巨大集團（捷安特）於 2021 年宣布投資超過 1 億美元在越南興建全新生產基地，並計劃於 2023 年底前正式啟用，預估年產能可達 100 萬臺。

根據巨大在 2022 年股東會資料指出，此舉主要為了：

第七節　臺灣海外投資與生產移轉：腳踏車業的越南布局

- 分散臺灣單一產地的營運風險
- 因應歐洲市場對「非中製造」來源的偏好
- 建立新興市場供應能力，如東南亞與南亞地區

越南廠區除涵蓋傳統鋁合金車架生產，亦包含中階電動腳踏車（E-Bike）組裝線，以因應全球都市化通勤與綠能交通趨勢。

技術轉移與人才挑戰：不是簡單搬家

然而，企業的生產移轉並非單純地搬遷工廠，而涉及技術轉移、人才訓練與品管機制的重建。

臺灣腳踏車業者普遍反映，儘管越南工人勤奮且勞動供應穩定，但在焊接技術、自動化流程與品質管理經驗上仍需時間培養。捷安特與美利達皆設立「在地學習中心」，以臺籍技術人員駐點帶訓，建立逐步升級的技術標準與自主品保體系。

此外，語言溝通與文化差異亦成為管理挑戰，促使部分企業引進臺越混合管理制度與輪調式人才培訓機制。

臺灣本地的角色轉型：從工廠到研發與品牌中心

隨著海外產能建立成熟，臺灣本地廠區不再承擔大量製造職能，而逐漸轉型為：

第五章　我們怎麼參與世界經濟？—貿易、出口與外資的連結

- 🔹 新品開發與車種設計中心
- 🔹 品牌行銷與全球策略總部
- 🔹 零組件研發與關鍵模具中心

這使得臺灣維持在全球腳踏車供應鏈的技術與品牌上游地位，透過核心研發能力與客戶服務整合，將價值鏈高階環節掌握在手中，達成「移製造、留價值」的策略。

海外布局不是逃離，而是升級

臺灣企業前進越南，不是單純的成本外移，而是一種生產鏈重構與國際競爭力重整的策略選擇。

透過深耕在地、整合全球資源與強化本地研發核心，腳踏車產業的轉型經驗不僅是臺灣製造走出去的範例，也為其他產業提供可借鏡的模式 —— 生產可以跨境，但價值創造要留在本土。

全球化不再只是追求便宜，而是追求更靈活、更永續的供應鏈安排。

第八節　離岸風電與外資入場：沃旭能源的臺灣案例

能源轉型與外資進場的交會點

隨著氣候變遷壓力升高與全球減碳承諾強化，離岸風力發電成為世界各國能源政策的新焦點。臺灣作為四面環海的島嶼型經濟體，不僅具有天然風場優勢，也面臨能源進口高度依賴與碳排放減量的雙重挑戰。在這樣的背景下，外資業者沃旭能源（Ørsted）進入臺灣市場，成為臺灣離岸風電發展的轉捩點與示範案例。

沃旭能源的臺灣策略：從開發權到產業共構

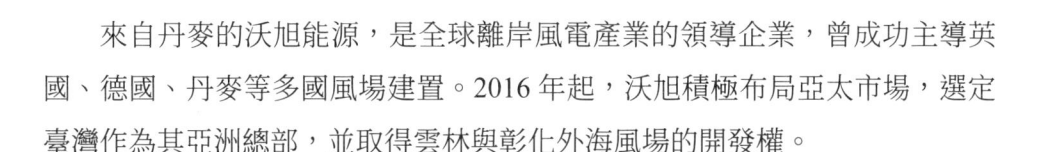

來自丹麥的沃旭能源，是全球離岸風電產業的領導企業，曾成功主導英國、德國、丹麥等多國風場建置。2016年起，沃旭積極布局亞太市場，選定臺灣作為其亞洲總部，並取得雲林與彰化外海風場的開發權。

沃旭的模式並非單純投資建設，更強調在地化、長期經營與產業培育，具體作法包括：

- 與中鋼、世紀鋼鐵等臺灣企業建立海事工程與基礎設施合作
- 建立本地供應鏈，將水下基礎、電纜、變電站模組逐步在地生產
- 投資培育離岸風電專業人才，如與成功大學、臺灣海洋大學合作設立訓練中心

第五章　我們怎麼參與世界經濟？—貿易、出口與外資的連結

2022 年底，沃旭於彰化海域完工全臺首座大型商業化風場「彰芳暨西島風場」，總裝置容量近 900MW，足供超過百萬戶家庭用電。

政府角色與政策工具：從示範案到產業計畫

臺灣政府自 2016 年起推動「千億綠能計畫」，將離岸風電列為能源轉型核心，並以三階段政策推動：

- 示範風場階段（2016～2018）：由外資技術主導，驗證技術可行性與環境影響
- 潛力場址開發（2019～2025）：以競標機制導入民間資金與外資，逐步提升本地參與
- 區塊開發階段（2026 之後）：要求在地化比例逐步提高，發展本地供應鏈與整體系統能力

在這樣的架構下，沃旭成為政策落地與外資進場的重要接點，也證明臺灣具備承接國際綠能投資的基礎與潛力。

機會與挑戰並存：外資參與的結構性矛盾

儘管沃旭模式成功開啟臺灣綠能外資合作先例，但也引發數項政策與結構性討論：

第八節　離岸風電與外資入場：沃旭能源的臺灣案例

- 本地廠商能力不足導致交期延誤與成本上升：部分在地供應商尚不具備海事工程規模化生產能力
- 在地化壓力與成本控管衝突：政府要求在地化比例與國際資本效率原則之間存張力
- 風場融資與保險制度仍不成熟：涉及跨國信貸、保險再保等技術與法規瓶頸

這些挑戰若無制度配套，可能使外資投資意願遞減，或反而導致本地廠商壓力過大，影響品質與進度。

臺灣的下一步：制度設計與價值創造

臺灣若要將離岸風電發展成真正的本地產業而非一時投資案，需從「設備建置」走向「技術輸出」，具體可行方向包括：

- 強化離岸風電標準制度與第三方驗證機制，建立國際信任
- 補助本地廠商升級製程與技術，培養具國際競爭力的供應鏈
- 推動綠能金融市場成熟化，協助融資與風場保險商品設計
- 鼓勵臺灣廠商參與國際標案，以風電服務與運維經驗拓展亞洲市場

外資是火種，產業要能點燃自己

沃旭能源進入臺灣，成功引入全球最成熟的離岸風電技術與資本架構，也為臺灣綠能轉型提供現成模版。但最終能否成就本地產業、提升出口競爭力，關鍵仍在於制度設計、人才培育與產業自主能力的整合提升。

第五章　我們怎麼參與世界經濟？—貿易、出口與外資的連結

　　離岸風電不是一場短跑投資，而是攸關能源自主、經濟轉型與氣候責任的長程賽。外資的角色，是啟動引擎；但真正要走得遠的，是本地企業與制度的韌性與創新。

第六章

你買東西的方式怎麼變了？
—— 平臺經濟與資料驅動商業

第六章　你買東西的方式怎麼變了？—平臺經濟與資料驅動商業

第一節　零邊際成本社會與平臺定價模型

邊際成本的消失：數位經濟的根本轉變

在傳統經濟中，生產一單位商品往往需要相對固定的原料與勞動投入，因此「邊際成本」(即增加一單位產品所需的額外成本) 始終存在。然而，進入數位時代，資訊商品的「零邊際成本」特性顛覆了這一邏輯。

以音樂、影片、線上課程、電子書、軟體為例，製作第一份的成本可能極高，但一旦完成後，其複製與傳遞成本幾近於零。這也意味著，數位平臺的獲利模式不再依賴單次販售，而是必須重新設計「接觸使用者」與「提取價值」的方式。

經濟學家傑瑞米・里夫金 (Jeremy Rifkin) 提出「零邊際成本社會」概念，指出：當一個社會中越來越多商品與服務可用近乎免費的方式取得，傳統價格機制將失靈，平臺與網路效應將取而代之。

平臺經濟的定價核心：免費、訂閱與差別化

面對零邊際成本的環境，數位平臺常見的定價策略包括：

- Freemium (基本免費，進階收費)：Spotify、Dropbox 等皆提供基本功能免費，鼓勵用戶升級

第一節　零邊際成本社會與平臺定價模型

- 訂閱制（Subscription）：Netflix、Apple Music、YouTube Premium 採取月費制獲利
- 動態定價（Dynamic Pricing）：Uber、Airbnb 根據供需情況即時調整價格
- 廣告變現（Ad-based）：Google、Facebook 透過精準廣告投放將流量變現

這些策略的共通點是：價格不再與生產成本對應，而是根據用戶的支付意願與資料價值動態調整。

零成本 × 高市占：平臺規模如何建立競爭門檻？

在邊際成本趨近於零的情況下，平臺之間的競爭核心不在「誰更便宜」，而是「誰先聚集最多使用者」。這種由規模驅動的市場結構稱為「網路效應」：

- 使用者越多，平臺價值越高（如 Uber 乘客越多，司機也越多）
- 建立資料網絡與行為模型，提高個別用戶轉換率
- 降低新進平臺的存活空間，形成「贏家通吃」結構

因此，平臺往往會在早期不計虧損爭取用戶，例如蝦皮初期補貼運費與佣金，目的即在建立不可逆的市場慣性。

臺灣實例：LINE 平臺的價格設計邏輯

LINE 作為臺灣用戶最多的即時通訊軟體，逐漸發展出 LINE Pay、LINE Music、LINE Points 等延伸服務，其定價策略並非以明確收費為主，而是以「交換價值」為操作邏輯：

第六章　你買東西的方式怎麼變了？—平臺經濟與資料驅動商業

- 用戶點擊廣告或參與任務即可獲得 LINE Points（實際可折抵金額）
- 店家使用 LINE@ 行銷服務時支付推播費與曝光費用
- 用戶透過 LINE Pay 付款，平臺從商家抽成手續費

這種模式下，用戶感受不到直接價格，但平臺卻從中擷取龐大資訊與商業價值。

定價不再是標籤，而是設計使用行為的策略

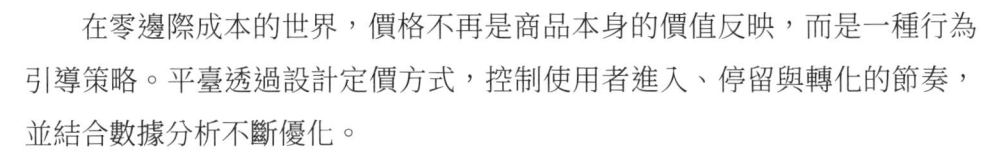

在零邊際成本的世界，價格不再是商品本身的價值反映，而是一種行為引導策略。平臺透過設計定價方式，控制使用者進入、停留與轉化的節奏，並結合數據分析不斷優化。

對於臺灣企業而言，若要參與數位平臺競爭，不只是製作一個 App 或網站，而是要學會設計一整套「價值捕捉」的模型 —— 讓使用者願意停留、貢獻數據、參與互動，這才是零邊際成本社會的核心戰場。

第二節　雙邊市場理論：Uber 如何賺取手續費？

什麼是雙邊市場？

雙邊市場（Two-sided market）指的是同一個平臺服務兩個不同但相互依賴的使用者群體，並從中擷取價值的商業模型。這個理論最早由經濟學家

第二節　雙邊市場理論：Uber 如何賺取手續費？

吉恩－查爾斯‧羅赫特（Jean-Charles Rochet）與讓‧梯若爾（Jean Tirole）於 2003 年提出，用以解釋信用卡公司、媒體平臺與網路服務平臺等如何收費與設計市場策略。

簡單來說，一個平臺若同時服務兩群人，便要決定向哪一邊收費、向哪一邊補貼。平臺最終的任務不是「平均賺錢」，而是「創造匹配」與「優化互動」，進而最大化總體網路價值。

Uber 的雙邊市場模式

Uber 是最具代表性的雙邊市場平臺之一。一邊是乘客，一邊是司機，平臺則負責媒合、定價與金流處理。在這個模型中，Uber 並不直接提供運輸服務，而是從每一筆成功媒合中抽取手續費（佣金），即其主要收入來源。

根據 Uber 2022 年財報，其全球平均抽成比例約為 25%，但不同市場、時間與活動中有彈性調整。舉例來說：

- 新用戶補貼期間，Uber 可能暫時放寬抽成以吸引司機加入
- 高峰時段透過動態加價（Surge Pricing）提高乘客端價格，進而提高平臺利潤

價格設計的邏輯：雙邊收費與交叉補貼

Uber 的核心在於「平衡兩邊的參與誘因」。

- 若對乘客收費太高，將降低需求；若收太低，平臺補貼成本過高
- 若對司機抽成過高，將降低供應；若抽成太低，平臺則獲利空間受限

第六章　你買東西的方式怎麼變了？—平臺經濟與資料驅動商業

因此，Uber 發展出多種價格彈性與補貼策略，包括：

- 司機獎勵計畫：每完成特定趟次或保持高評價，給予額外獎金
- 乘客折扣優惠：特定區域與時間提供低價搭乘以刺激需求
- 訂閱方案（Uber One）：用戶支付月費後可享免配送費或車資折扣

透過這些手段，平臺得以吸引並留住兩邊的用戶群，進而提高媒合成功率與每單交易價值。

臺灣市場的應用與在地化調整

在臺灣，Uber 的雙邊市場策略亦受到地方法規與競爭壓力影響，必須進行本地化調整。例如：

- 配合交通部規定與合作車行合作，形成「Uber T」混合模式
- 提供信用卡與電子支付整合，提升金流效率與用戶便利性
- 推出 Uber Eats 成為第二個雙邊平臺（消費者與外送員／餐廳），進一步延伸商業模式

平臺不是只服務一端，而是設計整體網絡

雙邊市場理論揭示了現代平臺經濟的本質：不再只是「賣東西給用戶」，而是設計一個可以讓多方參與、價值交換、行為互補的網絡空間。

對臺灣創業者與數位服務業者來說，理解雙邊市場邏輯不僅有助於設計更有效的價格與獲利策略，也能從「收費」轉向「打造互動場景」，進而掌握數位經濟中真正的商業節奏。

第三節　消費者剩餘與訂閱制設計：Netflix 為什麼讓人續看？

消費者剩餘是什麼？

在經濟學中，「消費者剩餘」（Consumer Surplus）是指消費者願意支付的最高價格與實際支付價格之間的差額。簡單來說，就是「覺得賺到了」的那種心理價值。例如你願意為一部喜愛的電影付出 250 元票價，但 Netflix 月費只要 290 元，可以看無數部，這就產生了大量的消費者剩餘。

在訂閱制（Subscription）服務當道的今日，平臺設計的目的正是放大消費者剩餘感，使使用者覺得「繼續訂閱更划算」，進而形成長期黏著。

Netflix 的訂閱策略與心理設計

Netflix 是全球最成功的訂閱制影音平臺之一，其成功並非僅在於內容量，而在於用戶感知價值的經營。具體而言，它運用了以下幾種設計手法來擴大消費者剩餘：

- 全內容無限觀看：與單次付費平臺相比，無限次觀看大幅提升每月使用價值
- 多裝置登入：支援手機、平板、電視等，讓一家人共用一組帳號，平均單人負擔更低
- 原創內容與獨占播放：如《怪奇物語》、《紙房子》等，為平臺創造不可取代性

第六章　你買東西的方式怎麼變了？─平臺經濟與資料驅動商業

🔔　推薦系統個人化體驗：減少尋找內容時間，提升「被理解」與「被照顧」的感受

這些設計不只是提升內容豐富度，更是讓每一位用戶感覺「訂閱划算到超乎想像」，從而降低流失率。

▰▰　訂閱經濟的核心邏輯：價值／價格比　▰▰

訂閱制經濟的邏輯是：不是要讓消費者每次都思考要不要花錢，而是讓他們「忘記自己在花錢」。這也就是「消費者剩餘」的心理運作關鍵：只要每月290元能帶來的娛樂感受超過價值感閾值，訂閱就會被視為一種無腦選擇。

因此，Netflix 每年投入數十億美元於原創製作，不是為了直接盈利，而是為了撐住「每月費用依然值得」的信念。

▰▰　臺灣市場應用：KKTV、myVideo、Disney+　▰▰

臺灣本地與外來平臺也同樣運用這種策略。以 KKTV 為例，主打日劇與韓劇獨家首播、學生價、分級訂閱，吸引特定客群。同樣地，myVideo 則透過中華電信捆綁銷售（bundling）推出與電信費結合的訂閱組合，降低消費者的「心理付款感」。

Disney+ 則透過家庭共享機制與影集連載策略，成功在臺灣市場穩定成長。這些平臺的共同策略是：延長停留時間、增加觀看習慣、提供特定內容差異化，進而提高「續看動機」。

第三節　消費者剩餘與訂閱制設計：Netflix 為什麼讓人續看？

訂閱制的經濟學挑戰：平臺多重化與心理疲勞

然而，訂閱制並非無敵。當平臺越來越多、內容越來越碎片化，用戶的「消費者剩餘」感也會因為選擇壓力與價格疊加而下降。

這出現了所謂的「訂閱疲勞」(Subscription Fatigue)：

- 每月合計支出超過心理預算（如 Netflix ＋ Disney+ ＋ Spotify ＋ KKBOX ＋ Nintendo Online……）
- 內容重複與使用率下降，消費者開始評估「要不要取消其中某一個」
- 平臺開始採用年費優惠、限制共享帳號等策略來延長留存

讓人「不取消」比「願意訂閱」更重要

在訂閱制的世界裡，贏家不是誰先取得用戶，而是誰能讓用戶留下來。Netflix 的成功祕訣在於：讓消費者覺得 290 元月費帶來的是無價的娛樂體驗與心理慰藉。

對臺灣業者而言，訂閱制並不只是收費機制，而是設計一種「長期關係」。這種關係的經濟學基礎，就藏在消費者剩餘背後的心理學中。

第六章　你買東西的方式怎麼變了？—平臺經濟與資料驅動商業

第四節　大數據如何預測行為：蝦皮推薦邏輯解析

演算法時代的消費預測革命

在平臺經濟全面崛起的當代，「你今天看到什麼商品」這件事，已不再是隨機碰運氣，而是來自背後複雜的數據預測與推薦機制。蝦皮購物（Shopee）作為臺灣市占率最高的電商平臺之一，其推薦引擎如何抓住消費者心理，正是「行為預測經濟學」最典型的實例。

推薦系統的核心，不是讓你選擇，而是幫你「縮小選擇」。透過演算法精準計算，用戶每一筆點擊、停留時間、滑動行為、過往購買紀錄、裝置資訊甚至瀏覽時段，都會被用來建構一個「你很可能會喜歡的世界」。

蝦皮推薦邏輯的四大模組

蝦皮平臺主要運用四層次的大數據推薦架構：

1. 協同過濾（Collaborative Filtering）

如果你與其他某群用戶過去買過相似商品，那他們買的其他東西也很可能會出現在你眼前。

2. 內容導向推薦（Content-based Recommendation）

若你常買瑜伽褲、運動內衣，平臺就會推薦運動水壺、健身書籍等相似標籤商品。

第四節　大數據如何預測行為：蝦皮推薦邏輯解析

3. 深度學習排序（Ranking System）

根據使用者當前行為（點擊、停留秒數）即時排序內容，讓最可能成交的商品排在最前面。

4. 人口統計模型（User Profile Modeling）

根據性別、年齡、區域、裝置語言等建構消費者輪廓，針對不同群體推薦特定風格商品（如南部女性與北部男性推薦清單差異化設計）。

這套系統整合了消費心理學、機器學習與商業行為資料，形成高度動態且個人化的推薦機制。

個資、偏好與行為模型的三角策略

蝦皮的行為預測邏輯並非單純記錄「你點了什麼」，而是建構一套行為偏好模型：

- 你在商品頁停留幾秒→推測你對該類商品感興趣
- 你點進商品卻沒下單→推估價格敏感或內容疑慮
- 你加入購物車卻未結帳→啟動折扣提醒、限時優惠彈出
- 你特定時段常逛→調整推播時間以提高點擊率

這些行為資料不僅作為推薦依據，也用來優化行銷策略、再行銷投放與平臺通知機制。

第六章　你買東西的方式怎麼變了？—平臺經濟與資料驅動商業

臺灣使用者行為特徵的在地優化

蝦皮在臺灣市場的推薦邏輯也展現高度在地化特性：

- 根據年節、開學、雙 11 等本地節慶設計推薦主題
- 結合中南部使用者偏好（如重視超取便利性、夜間購物高峰）調整商品排序
- 開發繁體中文專屬推薦標籤與語意判讀模型（如「小資推薦」、「媽媽好評」、「團購熱銷」）

此外，蝦皮亦設有「即時熱門搜尋」、「猜你喜歡」等模組，營造使用者參與感與消費欲望的即時回饋，進一步強化平臺黏性。

推薦機制的經濟學效果：提高轉換率與平均客單價

推薦系統之所以成為平臺核心武器，是因為它實質上改變了使用者的「選擇成本」與「決策結構」。當用戶不再需花時間尋找產品，並且商品本身與其需求高度吻合，就更容易產生即時消費行為。

蝦皮曾於 Sea 冬海集團財報及內部技術簡報中指出：

- 引入個人化推薦後，轉換率提升約 10～20%
- 推播時間與頻率調整能顯著提升 CTR（點擊率）
- 用戶黏著度與回購率亦隨著推薦準確度提升而成長

第四節　大數據如何預測行為：蝦皮推薦邏輯解析

這些數據顯示，大數據預測機制已非輔助功能，而是驅動整體商業績效的核心引擎。

■■■ 從「我想買什麼」到「平臺知道我要什麼」 ■■■

蝦皮的推薦邏輯告訴我們，大數據不是只是記錄，而是一種預測行為、引導選擇、塑造需求的力量。平臺成功的關鍵，已經從「讓人找到東西」轉向「讓東西找到人」。

未來不論是零售、內容或服務，誰能建立更精準、更敏感的行為模型，就能在這場資料驅動的商業競賽中占據主導地位。

第五節　網紅經濟與個人品牌變現模式

■■■ 網紅經濟的崛起：從社群到產值的跨界變現 ■■■

在數位平臺滲透日常生活的當代，影響力不再專屬於明星、企業或主流媒體，個人也能藉由社群經營、內容創作與平臺工具建立商業價值。這種現象在經濟學上被稱為「網紅經濟」（Influencer Economy），是一種由自媒體影響力驅動的個體商業模式。

臺灣的網紅經濟正快速擴張，許多消費者曾因網紅推薦而購買商品，影響力橫跨美妝、旅遊、科技、飲食、健身與親子等多領域。

第六章　你買東西的方式怎麼變了？—平臺經濟與資料驅動商業

內容 × 人設 × 商業模式：網紅如何變現？

網紅的變現模式可歸納為三大主軸：

- 接案與置入式行銷（Sponsorships）：品牌透過付費讓網紅在貼文或影片中介紹產品，為最常見收入來源
- 平臺廣告分潤（Ad Revenue）：YouTube、Facebook、Instagram 等依觀看數給予分潤，需高流量才能穩定收益
- 個人品牌產品化（Merchandising）：如自創品牌、電商販售、自辦課程與實體活動（例如健身網紅開課程、美妝網紅出聯名彩妝）

這三種模式往往交互結合，形成穩定的現金流結構。

百萬訂閱的品牌化實戰

以某健身網紅為例，透過每週兩支高互動影片經營 YouTube 頻道，同時建立 Facebook 社團經營粉絲社群，進一步推出自有品牌運動服飾與營養補給品，2022 年營收突破新臺幣 6,000 萬元。

另一案例是插畫網紅，透過 IG 插畫經營個人風格，與文具品牌推出聯名商品，同時在 Pinkoi 開設店鋪販售原創貼紙、包包、書籤等，月均營收達百萬臺幣以上。

這些案例顯示，真正能長期變現的網紅，不僅依賴單一平臺或廣告收入，更重要的是建立可辨識的人設（persona）與商業化產品鏈。

第四節　大數據如何預測行為：蝦皮推薦邏輯解析

演算法與流量規則：機會與風險並存

儘管網紅經濟看似人人可為，但其實高度依賴平臺演算法與觀眾習性。YouTube 修改演算法可能導致觀看次數驟減，IG 頻道觸及下降也會影響商業合作價值。

此外，負評事件、形象爭議或言論翻車都可能導致商業價值瞬間蒸發，形成「高度個人化風險」。這些風險也促使越來越多網紅轉型為企業經營者，強化品牌 IP 化管理、數據行銷能力與跨平臺經營策略。

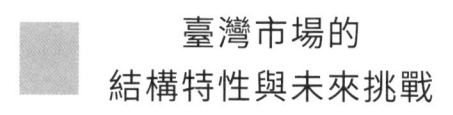

臺灣市場的結構特性與未來挑戰

臺灣的網紅經濟雖已成熟，但仍面臨幾項挑戰：

- 廣告主過度集中於特定 KOL，缺乏中長尾創作者支持政策
- 多數網紅缺乏會計、稅務與品牌營運知識，導致商業化困難
- 平臺規則不透明，變現門檻高（如 IG 無廣告分潤制度）

這些問題呼籲政府與平臺應建立創作者生態支持系統，包括數位稅制明確化、創業輔導資源提供與平臺獎勵機制透明化。

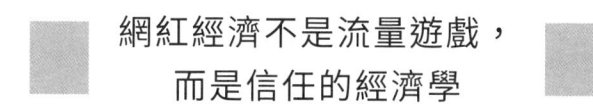

網紅經濟不是流量遊戲，而是信任的經濟學

網紅經濟的本質，不是誰聲音最大，而是誰與受眾建立最強的信任關係。這種信任，能轉化為銷售、為品牌背書、甚至為社會議題發聲。

第六章　你買東西的方式怎麼變了？—平臺經濟與資料驅動商業

未來成功的內容創作者，不只是會拍影片、會剪片，更要懂經營品牌、了解用戶心理、設計產品與體驗。因為，網紅不只是媒體，更是經濟體。

第六節　電子支付與去中介化趨勢：全支付、LINE Pay 的經濟機制

▆ 電子支付是支付工具還是商業平臺？ ▆

電子支付（e-Payment）已從單純的交易工具，演變為結合行動生活、數位身分與商業數據的經濟基礎建設。2020 年以來，臺灣的行動支付普及率大幅上升，根據金管會統計，2023 年臺灣行動支付交易金額已突破新臺幣 8 兆元，其中 LINE Pay 與街口支付（JKOPay）市占率居前，而全支付（PX Pay Plus）則因政府推動力道逐漸擴張。

從經濟學視角來看，電子支付系統不只是金流工具，更是一種「平臺化的去中介策略」，其運作基礎結合了網路效應、資訊不對稱消除與資料驅動的再商業化邏輯。

▆ LINE Pay：社交 × 金流的雙平臺策略 ▆

LINE Pay 是臺灣最早普及化的行動支付平臺之一，其成功建立在 LINE 社群平臺高滲透率之上。透過將支付功能整合於聊天介面中，用戶只需點擊幾下即可完成轉帳、付款或分帳，降低了「交易阻力」與「工具學習成本」。

LINE Pay 的商業機制包含：

第六節　電子支付與去中介化趨勢：全支付、LINE Pay 的經濟機制

- 手續費收入：對特約商店收取約 0.8%～2% 手續費，根據產業與合作規模調整
- 用戶資料收集：收集消費時間、地點、金額與商品類型作為資料分析基礎
- 點數經濟系統：結合 LINE Points 進行促銷活動，創造平臺忠誠度與回購力
- 跨界合作：與銀行、電信、保險、票券業合作，形成金融＋生活生態圈

這使 LINE Pay 從一個工具轉型為「數位金融入口」，其價值不再是每一筆交易，而是整體用戶經濟生命週期的掌握。

全支付：零售企業自建支付平臺的策略布局

由全聯集團旗下的全支付公司所推出的全支付（PX Pay Plus），是零售通路巨頭在數位支付領域的積極布局。其目的是強化本地會員經濟與消費數據掌握，並串聯旗下實體超市、電商與點數生態。

其機制設計包含：

- 全聯會員與點數整合：使用全支付綁定福利點帳戶，可直接累點、折抵，增加消費循環
- 專屬行銷活動：如聯名銀行回饋日、滿額折價券、週末加碼回饋等促銷設計
- 場域導向應用：強化在實體門市、全聯電商、福利中心等場域的專屬功能

第六章　你買東西的方式怎麼變了？—平臺經濟與資料驅動商業

全支付的策略並不以通用支付為主，而是透過建立「零售生活圈」的封閉型支付體系，提升顧客忠誠度與交易數據掌握力。

然而，全支付也面臨挑戰，包括與其他通用型支付工具（如街口、LINE Pay）相比的跨場景便利性差距，以及對非全聯顧客的吸引力有限。

去中介化與再中介化的矛盾過程

電子支付理論上具備「去中介化」的潛力 —— 不再需要傳統銀行臨櫃、減少紙本流程、促成點對點交易。但實際發展卻出現「再中介化」現象：

- 平臺成為新的中介者，集中大量數據與用戶行為控制權
- 用戶雖然獲得方便，卻失去議價能力與資料主權
- 政府試圖透過規範強化透明度與資料利用原則

這代表未來的關鍵將不在「去除誰」，而在於「誰能建立公平、安全的交易架構」與「數據主權的治理能力」。

經濟學觀點下的支付競爭與未來方向

電子支付的價值不在本身，而在其可連結的生態系。LINE Pay 經營的是社群金融生態，全支付主打的是主權金融系統，而街口支付則專注於本地消費場景的整合。

三者競爭的不只是市占率，更是：

- 誰能掌握最多「交易資料」
- 誰能串聯最多「生活應用場景」

誰能打造「信任基礎」與持續性誘因

在這樣的生態邏輯下,單一支付工具無法長久競爭,唯有成為「生活介面」、「消費入口」與「服務整合者」,才能形成真正的長期經濟價值。

支付,是看不見的基礎建設,也是看得見的經濟控制

電子支付正在從交易工具走向經濟治理機制。它是使用者每天數十次「看不到但完成的動作」,但其背後卻是平臺、資料、金融與政策的交織競爭。

理解電子支付的經濟邏輯,不只是看誰方便、誰優惠,而是看誰掌握了未來「誰跟誰發生交易」的權力。那將是數位時代最關鍵的經濟控制點之一。

第七節　消費者數據的貨幣價值：MyData 與數位足跡經濟

資料不是副產品,而是價值來源

在平臺經濟與數位支付普及的時代,消費者每一次的點擊、滑動、付款與搜尋,無不留下可追蹤的「數位足跡」(Digital Footprint)。這些資料經由平臺收集、運算與交叉比對後,成為預測行為、設計廣告、調整價格與開發產品的基礎。數據因此不再只是交易過程的副產品,而是能創造貨幣價值的核心資產。

第六章　你買東西的方式怎麼變了？—平臺經濟與資料驅動商業

在經濟學觀點中，這是一種「資訊租」的變現方式：平臺藉由對資料的掌握壟斷，創造競爭優勢並擷取利潤。使用者成為資料產出者，但未必知道資料如何被用，也未必能參與利益分配。

MyData 政策：資料主權的反思與重構

為回應這種結構不對稱，臺灣政府自 2020 年起推動「MyData」政策，其核心理念是：將個人資料使用權歸還給個人，讓民眾能安全、透明地授權特定單位使用自己的數據。

具體機制包括：

- 個人可登入 MyData 平臺，查看政府部門、金融機構、醫療單位等所持有之個資明細
- 可一鍵授權資料下載或共享（如報稅、貸款申請、健康檢查轉診等）
- 建立授權紀錄與使用紀錄透明機制，防止資料濫用

這是臺灣第一個由政府主導、規模化實施的資料主權工程，象徵著從「平臺霸權」邁向「公民資料治理」的轉型可能。

資料如何成為錢？
行動電商的再商業化流程

在平臺端，資料的價值展現在精準廣告、個人化行銷與動態定價等應用。以蝦皮、momo、PChome 為例，用戶在平臺上的瀏覽、購物、評價等行為會被分析成以下幾類模型：

第七節　消費者數據的貨幣價值：MyData 與數位足跡經濟

- 消費者偏好圖譜：推估你屬於哪一類型消費者，進行人群分層
- 預測購買行為：透過時間與裝置模式，推測何時、何地最有可能成交
- 再行銷策略：針對曾加入購物車卻未結帳者推送折扣、限時優惠
- 價格敏感性評估：調整不同人看到的價格與組合推薦，提升轉換率

這些操作背後皆仰賴對大量資料的處理與分析，最終目的是「提高每筆資料的商業轉化率」。

資料作為資產的會計與法律挑戰

儘管平臺將資料視為價值來源，但在會計上資料尚未被視為可資本化的資產；法律上資料所有權、收益分配權與責任歸屬也仍具高度不確定性。

例如：

- 若一名消費者的資料促成平臺數位廣告收益，該消費者是否應享部分分潤？
- 若平臺資料外洩導致個人損害，應由平臺負責還是資料擁有者自行承擔風險？
- 在多平臺整合資料進行行為預測時，如何界定資料主體的知情與同意權？

這些問題成為當代數位資本主義下的「資料倫理」核心，也是未來法律與會計制度需回應的焦點。

第六章　你買東西的方式怎麼變了？—平臺經濟與資料驅動商業

臺灣實例：MyData 應用場景擴張與民間參與

截至 2024 年底，MyData 平臺已開放超過 40 個政府部門與 30 家金融機構資料介接，並支援以下應用：

- 銀行貸款資料一鍵上傳（如玉山、臺新、兆豐等）
- 健康檢查紀錄跨院共享（整合健保署、北醫、長庚等醫療資料）
- 報稅資料自動填入（與財政部、稅務單位串接）

此外，MyData 亦開始推動「商業資料使用沙盒」，鼓勵民間電商、旅宿平臺、票券業者申請在一定規範下試行資料共享與應用服務，形成政府、民間與個人三方共管模式。

你的資料正在工作，只是你不知道它在替誰工作

消費者的數位足跡已成為最具經濟價值的資源之一。但在目前架構下，資料的產出者（你）與資料的變現者（平臺）之間，並未建立合理的對價與授權機制。

MyData 政策的出現，讓「資料經濟」不再只是平臺的專利，而可能走向更公平的權利重分配。然而，要讓資料真正成為全民資本，仍需制度、技術與認知三者並進，才能讓每一筆數位足跡都回到生產者手中，創造屬於消費者的價值回饋。

第八節　數位稅與平臺治理：臺灣要怎麼課 Meta 稅？

跨國平臺獲利，本地課不到稅？

當你在 Facebook 上點擊廣告、在 YouTube 上觀看影片、在 Instagram 上滑動貼文，這些平臺便透過你的注意力與行為資料獲利。然而，這些科技巨擘（如 Meta、Google、Amazon）在臺灣並無設立本地公司或法人實體，多數收入透過境外公司結算，使其稅務貢獻與實際營收不成比例。

根據財政部資料，2023 年 Meta 在臺廣告營收估達新臺幣百億元，但實際繳納營業稅僅約數千萬元。這導致傳統媒體與在地企業面臨「不公平競爭」，也使稅基外移、財政失衡。

數位稅是什麼？OECD 框架下的國際協商

「數位稅」（Digital Services Tax, DST）是一種針對跨境數位平臺營收課徵的特定稅制，主要用以解決「數位經濟在地貢獻，卻無實體稅籍」的問題。

OECD 於 2021 年達成「雙支柱解決方案」（Two-pillar Solution）：

- 支柱一：讓大型跨國企業需依其「用戶所在國」貢獻稅收，而非只依公司註冊地納稅
- 支柱二：訂定全球最低企業稅率（目前為 15%），防止企業為避稅而將利潤轉移至低稅國

第六章　你買東西的方式怎麼變了？—平臺經濟與資料驅動商業

臺灣雖非 OECD 成員，但已表示支持該方案原則，並積極觀察後續落實情形。

臺灣現行作法與挑戰

目前，臺灣主要透過「境外電商平臺營業稅登記制」管控，如 Google、Meta、Netflix 等須在臺完成稅籍登記並繳納 5% 營業稅。2022 年起，財政部亦強化資料申報與追蹤，但仍面臨幾個挑戰：

- 平臺不設分公司，僅設代表處：造成所得稅查核困難
- 廣告代理制度層層包裝：平臺實收利潤不透明
- 數據傳輸與服務所在地模糊：難以界定課稅依據

這些問題導致實際稅收偏低，亦引發本地產業對稅負公平性的質疑。

臺灣要怎麼課 Meta 稅？政策可能方向

針對 Meta、Google 等數位巨頭，臺灣可考慮以下幾種治理方向：

- 比照歐盟實施單邊數位稅：對跨境平臺營收課徵 3%～5% 數位服務稅，強化在地稅負
- 強化資料交換與跨境合作：與主要市場（如美國、新加坡）建立資訊共享協議，追蹤實際交易
- 要求本地法人實體設立義務：提升查核力道與法律責任歸屬明確性

第八節　數位稅與平臺治理：臺灣要怎麼課 Meta 稅？

■ 擴大 MyData 與數位金流串接應用：掌握平臺實際經濟活動足跡

這些政策需與國際協調並行，以避免引發貿易報復或雙重課稅爭議。

國際借鏡：
英法印韓等國的實務作法

（1）法國：自 2019 年起對全球營收超過 7.5 億歐元、在法國達 2,500 萬歐元的數位企業課徵 3%營收稅。

（2）英國：設有 2%數位服務稅，針對社群平臺、搜尋引擎與線上市集。

（3）印度：自 2020 年擴大適用於幾乎所有跨境電商與平臺服務，稅率達 6%。

（4）南韓：以加值稅形式處理，並強制境外平臺納稅與申報營收資料。

這些國家的經驗顯示，單邊數位稅與全球稅改可併行設計，關鍵在於制度明確性與查核可執行性。

從「看得到卻課不到稅」到
「公平分享數位經濟紅利」

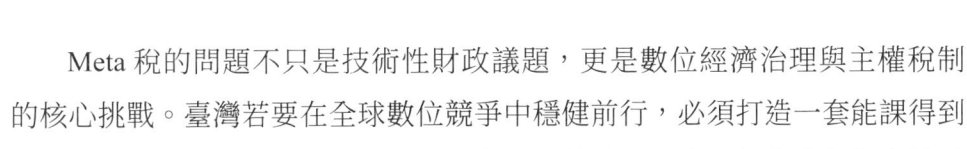

Meta 稅的問題不只是技術性財政議題，更是數位經濟治理與主權稅制的核心挑戰。臺灣若要在全球數位競爭中穩健前行，必須打造一套能課得到稅、分得公平的制度，讓所有參與臺灣市場的跨國平臺，都有責任與本地用戶、產業與社會共享其紅利。

第六章　你買東西的方式怎麼變了？—平臺經濟與資料驅動商業

第七章

風險怎麼被管理？——
保險、投資與避險的邏輯

第七章　風險怎麼被管理？—保險、投資與避險的邏輯

第一節　保險經濟學：風險轉嫁與逆選擇問題

有一次在急診室陪家人等報告時，隔壁床的對話不小心聽得一清二楚。一位五十多歲的先生在醫師問診時說，他身體不舒服已經一陣子，但因為沒有保險，一直拖著沒看。當醫師建議安排進一步檢查時，他第一句問的不是「需要做哪些檢查」，而是「這樣會不會很貴」。

我們大多數人都知道保險的重要，但真的輪到自己花錢買時，猶豫、遲疑、不放心是常見反應。保險的本質，是在買一種對未來不確定風險的「經濟保護」。但問題來了：既然大家都知道可能會發生壞事，為什麼還是有那麼多人沒買保險？又為什麼有些人拚了命也要投保？

這其中的關鍵，其實正是「資訊不對稱」造成的經濟學難題。

▰▰▰ 誰最想買保險？這就是逆選擇 ▰▰▰

在保險市場裡，有一個被經濟學家稱為「逆選擇」（adverse selection）的現象。意思是：保險公司無法完全了解每位顧客的真實風險，因此提供一個平均價格的保費時，真正風險高的人（像是常熬夜、三高患者或高風險工作者）反而更積極來投保；而健康、風險低的人可能覺得保費太貴、不划算，最後選擇不投保。

這會帶來什麼結果？整個保險的風險池逐漸被高風險人填滿，保險公司為了平衡支出，只好提高保費，結果又讓更多低風險者退出，形成一種「劣幣驅逐良幣」的惡性循環。

第一節　保險經濟學：風險轉嫁與逆選擇問題

美國在 2010 年推動《平價醫療法案》（ACA，也就是俗稱的「歐記健保」）時，這個問題就變得非常明顯。根據該法案，保險公司不能拒絕有慢性病的人，也不能針對高風險族群收取過高費率。結果是大量身體狀況不佳的人湧入保險市場，而原本身體健康的年輕人，卻選擇不投保。短短幾年內，美國許多州出現「只有一間保險公司還願意經營」的情況，這並不是自由市場的健康現象，而是逆選擇帶來的結構崩潰。

臺灣健保制度為何能撐住？

反觀臺灣，為什麼全民健保可以撐那麼久？這其中的關鍵就是強制納保制度。我們每個月薪資中強制扣繳健保費，不論你健康與否、願不願意，這就解決了「誰會來投保」的問題，也讓整體保險池能穩定運作。這是經濟學中標準的「強制參與」用來解決逆選擇的設計手段。

但即使如此，健保也出現了另一種風險：因為不用擔心價格，有些人就會過度使用醫療資源。你是否聽過長輩說「反正掛號才一兩百塊，當然常去檢查比較安心」？這種心理反映的正是「道德風險」（moral hazard）問題，亦即：當人們知道自己不需要負全部責任時，行為可能會變得更冒險、更濫用資源。

你買的是真保險，還是假保障？

現代保險商品五花八門，從醫療、壽險到旅平險、寵物保險都有。但你是否仔細看過條款？有些商品表面保得很齊全，實際卻藏有多項免責條款或給付限制。保險公司設計這些條件，是為了避免「資訊不對稱」導致損失過高。

第七章　風險怎麼被管理？—保險、投資與避險的邏輯

比方說，某些重大疾病險規定「兩年內發病不理賠」，就是擔心有人知道自己身體有問題才突然投保；或是旅行平安險會限制「戰區地區不理賠」，因為投保人前往高風險區域並非隨機事件。

這些限制設計看似嚴苛，但其實正是保險維持營運的風險管控手段。

新時代的保險創新：用行為資料解決資訊不對稱

近年來，科技改變了保險的經營邏輯。以「使用者付費」為概念的行為型保險（usage-based insurance）漸漸興起。例如部分汽車保險公司會安裝駕駛記錄器，記錄你的行車習慣，若你開車習慣良好、沒有急煞、少夜間行駛，就能獲得更低保費。這種做法直接用「真實行為」解決資訊不對稱問題，讓低風險者得到更合理的價格。

在健康保險方面，也有業者實驗「穿戴裝置回饋制度」，投保者若願意配戴智慧手環，記錄運動步數與心率，並定期完成健康檢查，則可獲得保費折扣。這類保險新創不僅有助於風險評估，也促使消費者提升健康自我管理意識。

臺灣雖然目前相關商品還未普及，但金管會已開始開放「保險科技」業者進入監理沙盒，預期未來兩到三年內會有更多以資料驅動的保險商品上市。

保險不是投資，是財務風險的防線

一個常見的迷思是把保險當作「投資工具」，例如強調「有儲蓄功能」、「能領回本金」，甚至「報酬率可達3％以上」等話術，誤導消費者以為保險等同理財。

事實上，真正的保險是用來處理你無法承受的風險，例如癌症、重大車禍、家庭經濟支柱死亡等高衝擊事件。若保險設計成既要保障、又要收益，往往變得複雜難懂，保障內容被削弱，保費也因此墊高。

對個人來說，合理的保險規劃，應該以「先風險，再投資」為原則。保險是為了避免生活因重大變故陷入財務崩潰，而非用來「賺錢」。這也是為什麼經濟學會將保險歸為「風險管理」的工具，而不是資產配置的一環。

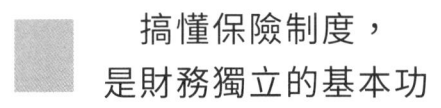

搞懂保險制度，是財務獨立的基本功

從經濟學角度看，保險制度運作的關鍵在於如何透過制度設計，解決資訊不對稱下的市場失靈。無論是逆選擇還是道德風險，都不是靠「教育」就能根除，而是要靠監理制度、產品設計與技術應用，讓保險回歸風險保障的本質。

在這個不確定感加劇的年代，真正的風險不是保險賺不賺錢，而是你根本沒想過未來會發生什麼。如果我們願意理解保險制度背後的經濟學原理，不再把保單當成陌生的金融工具，那麼，風險本身就會變得不那麼可怕了。

第二節　金融資產如何定價？從債券殖利率談起

每次新聞一播出「美債殖利率倒掛」這種字眼，很多人都搞不清楚，到底跟自己有什麼關係。更別說什麼「2 年期對 10 年期的利差」、「市場對衰退的

第七章　風險怎麼被管理？―保險、投資與避險的邏輯

預期」這些聽來高深的分析，常讓人想直接換臺。其實殖利率曲線與金融資產的定價機制密不可分，牽一髮而動全身，不只是國際投資人要懂，臺灣的定存族、壽險族，甚至剛買股的人，都跟這條曲線息息相關。

要了解這一切，得從最基本的「債券價格怎麼決定」談起。

■ 債券定價的起點：殖利率是什麼？ ■

「殖利率」這個詞在中文中容易讓人混淆，事實上它不是債券的報酬率，而是「年化報酬率」。簡單說，它反映了你持有這張債券，平均每年可拿到的利息報酬是多少。

舉例來說，一張面額一萬元的債券，年利息 500 元，如果你花 10,000 元買入，殖利率就是 5%。但如果這張債券在市場上跌價，變成 9,000 元買得到，同樣收 500 元利息，殖利率就變成約 5.56%。相反地，如果債券上漲到 11,000 元，你花更多錢買到同樣利息，那殖利率就降到 4.55%。

所以，殖利率會隨著市場價格變動。當大家搶買債券時，價格漲、殖利率跌；當大家拋售債券，價格跌、殖利率升。這些價格波動，背後反映的是市場對利率、通膨與風險的看法。

■ 為何殖利率曲線會「倒掛」？ ■

一般來說，短期債券的殖利率會低於長期債券，因為持有時間越長，不確定風險越高，需要較高報酬才合理。但當出現「倒掛」現象，也就是短期債殖利率高於長期債，那就代表市場認為未來經濟不樂觀，利率可能會下降，

第二節　金融資產如何定價？從債券殖利率談起

甚至預期央行會降息。

在 2022 年，美國 10 年期與 2 年期國債殖利率出現倒掛，引發市場對經濟前景的高度關注。根據過去數十年的歷史經驗，每當殖利率倒掛發生後，美國經濟平均在 6～18 個月內陷入衰退，因此這項現象常被視為「景氣寒蟬指標」，具備高度預警意涵。

金融資產怎麼看利率？

不只債券，其實所有金融資產的定價，幾乎都與利率變動有關。股票、基金、REITs（不動產投資信託）都不例外。

這是因為利率是「時間價值」的指標，當利率上升，未來現金流折現下來的價值會減少。換句話說，同樣的股息或租金收入，在高利率環境下的價值會被打折。

以科技股為例，因為它們的獲利通常集中在未來，因此對利率變化特別敏感。2022 年美國聯準會激烈升息，就導致 Netflix、Meta、Amazon 等高估值成長股大幅修正，因為市場重新計算這些公司的未來現金流。

投資人在意什麼利差？

投資人經常會關注「債券利差」（spread），例如企業債與公債的利差。這反映了市場對信用風險的評價。

當經濟景氣穩定時，企業違約風險低，利差通常縮小；但當風險上升（如景氣反轉、通膨壓力升高），市場會要求更高的風險溢價，利差就會拉大。這對債券型基金、保守型投資人來說，是一項重要觀察指標。

第七章　風險怎麼被管理？—保險、投資與避險的邏輯

　　此外，許多壽險公司與退休基金也會關注長期利率與短期利率的利差，因為這關係到他們的「利差損」風險。當新臺幣計價的長債殖利率過低，卻又要承擔未來保單利率給付義務時，壽險公司可能面臨資產負債錯配問題。

利率定價的實務意涵

　　對一般投資人來說，理解利率與殖利率的關係，能幫助你判斷市場脈動與資產調整方向。例如：在利率高檔區時，債券價格通常相對便宜，可能是定期定額進場的好時機；而利率下滑初期，債券價格會快速回升，是債券型資產相對有利的區段。

　　此外，當你看到殖利率曲線趨平或倒掛，也能提早調整自己的資產組合，減少對高風險資產的依賴，並關注景氣防禦型產業。

看懂利率，就是看懂金融市場的羅盤

　　很多人對「債券」這兩個字感到遙遠，但事實上，利率是決定房貸、保單、股市、基金走勢的核心關鍵。從殖利率的變化中，反映了市場對通膨、貨幣政策、經濟前景的預期，也是金融世界裡最早發出訊號的預警燈。

　　當你開始關注殖利率，不是因為你想當債券操盤手，而是因為你已經在學習用金融語言看懂世界了。

第三節　投資組合理論與風險分散：
　　　　 ETF 是穩定的選擇嗎？

你有沒有過這樣的經驗？某支股票你研究了好久，終於下定決心買進，結果一買就跌。心情懊惱之餘，你開始懷疑：我是不是不適合投資？

其實，問題不在你「選錯一支股票」，而在於你可能「只選了一支股票」。這也正是現代投資學中最強調的一個觀念：分散風險。

而談到分散風險，就一定得提到「現代投資組合理論」（Modern Portfolio Theory）與當代最受散戶青睞的工具：ETF。

為什麼不要把雞蛋放在同一個籃子裡？

傳統的說法是：「不要把雞蛋放在同一個籃子裡。」投資學上對應的就是：不要把資金全部壓在單一資產上。

美國經濟學家哈利・馬可維茲（Harry Markowitz）於 1952 年提出「現代投資組合理論」，他證明了一件事：即便你投資的標的是高風險資產，只要妥善分散，整體風險反而會下降。原因在於：不同資產之間的報酬率變動不完全一致，當某些資產下跌時，其他資產可能上漲，整體波動性會被平衡掉。

這個概念被稱為「風險分散效應」，而建立一組有效的投資組合，就是讓你在達成一定預期報酬的前提下，把風險降到最低。

第七章　風險怎麼被管理？—保險、投資與避險的邏輯

ETF 是什麼？為什麼適合小資族？

在臺灣，越來越多人開始接觸 ETF（Exchange Traded Fund，指數股票型基金），原因很簡單：便宜、透明、好操作。

ETF 的運作方式是跟隨某一市場指數的表現，例如臺灣加權指數、S&P 500、美國科技股、全球債券等。當你買一檔 ETF，其實就是間接持有那個指數中的所有成分股，等於一次買下整個市場。這種「一籃子股票」的設計，天生就符合風險分散的邏輯。

對小資族來說，與其一支一支股票研究，不如透過 ETF 建立基礎投資部位，不但節省時間，也降低錯誤判斷的風險。

投資組合的報酬如何來？

很多人以為風險分散只是降低損失，事實上它也能穩定報酬。根據馬可維茲理論，投資組合的預期報酬是各資產報酬的加權平均，但風險不是單純加總，而是受到相關係數影響。

換句話說，當你的投資組合中包含彼此相關性低的資產（例如股票與債券、科技股與原物料股），就能有效抵銷單一產業的波動。

這也是為什麼有些 ETF 結合股票與債券、或是採全球多元配置，就是希望在不同經濟週期中，找到避險的平衡點。

2020 年後 ETF 的爆發與反思

自從 COVID-19 疫情後，全球市場波動加劇，臺灣 ETF 市場也快速成

第三節　投資組合理論與風險分散：ETF 是穩定的選擇嗎？

長。截至 2024 年，全市場 ETF 規模突破 4 兆新臺幣。特別是高股息 ETF，因為配息穩定，成為許多投資人定期定額的首選。

但問題也隨之而來。部分投資人誤以為 ETF 不會跌，或是追求短期配息率而忽略價格波動。例如某些高股息 ETF 在景氣反轉時仍重挫，讓不少「領息族」感受到資本損失的痛。

因此，投資 ETF 並非萬靈丹。你仍然需要理解 ETF 背後的成分邏輯、再平衡方式，以及經濟週期對不同資產類別的影響。

分散不是亂買，是策略配置

要做到真正的風險分散，並不是看到什麼熱門就買一點。分散的前提，是你必須根據自己的投資目標、風險承受度與投資期間，規劃資產的配置比例。

一般來說，常見的「60/40 組合」—— 60%股票、40%債券 —— 是穩健型投資人常用的策略。但對年輕人而言，或許可以拉高股票比重；對退休族則應降低波動性，增加債券或現金部位。

ETF 雖然方便，但組合設計還是要有邏輯。例如股債平衡 ETF、全球資產配置 ETF、新興市場與成熟市場搭配等，都是以「低相關性」為原則。

把 ETF 當成組合，不是單一標的

有趣的是，許多投資人雖然知道 ETF 代表一籃子股票，但實際上還是把它當成「單一標的」在操作。

第七章　風險怎麼被管理？—保險、投資與避險的邏輯

舉例來說，短線追高、重壓一檔高股息 ETF，或是完全不關注再平衡訊號，這些行為其實與單壓個股無異。真正的投資組合觀念，是將 ETF 納入整體架構思考，與其他資產協同運作。

▰▰　做好配置，讓市場為你工作　▰▰

當我們把心力放在「預測市場」而非「配置資產」，其實風險反而更高。因為沒有人能精準掌握股市的漲跌時間，但你可以控制的是分散程度、再平衡節奏與風險承受能力。

用 ETF 建立投資組合，是小資族接近專業管理的好工具。但前提是，你願意花一點時間理解背後的邏輯，不是跟著配息名單盲目投入。

風險管理不是一套神祕的模型，而是一種面對未知的謹慎態度。而投資組合理論提供的，正是一種長期對抗不確定的穩定方法。

╋第四節　避險基金的槓桿策略與潛藏風險

你是否也曾在新聞裡聽過「避險基金爆倉」、「大型槓桿交易導致市場震盪」這些關鍵字，卻總是霧裡看花？對多數人而言，避險基金就像是金融圈的黑箱，一般投資人難以接近，但又總在全球市場裡扮演關鍵角色。

如果我們要談「風險怎麼被管理」，就不能忽略避險基金這種風險極大也極能創造報酬的投資機構。而他們之所以能放大操作，就是靠「槓桿」。但也正是這個槓桿，讓避險基金一旦失控，就可能掀起金融海嘯。

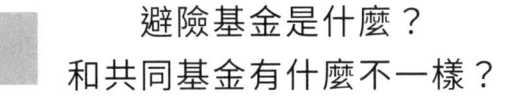

第三節　投資組合理論與風險分散：ETF 是穩定的選擇嗎？

避險基金是什麼？
和共同基金有什麼不一樣？

避險基金（hedge fund）是一種以絕對報酬為目標的投資工具，通常只開放給高資產人士或機構投資人，並不像共同基金那樣受嚴格監管。

它們可以做多、做空、槓桿操作、跨市場套利，策略自由度很高。舉例來說，當大多數基金只能投資股票、債券時，避險基金還可以交易原物料、外匯、衍生性商品，甚至利用「事件驅動策略」操作企業併購、破產重整等特殊時機。

但這樣的彈性，同時也伴隨高風險。尤其當它們使用高倍數槓桿時，一旦判斷錯誤，損失會如雪球般擴大。

槓桿是什麼？為什麼避險基金愛用？

所謂槓桿，就是「用借來的錢放大操作」。舉例來說，若你本來有一百萬可以操作，但你透過借款、衍生性金融商品等手段，把操作資金放大到五百萬，那麼你的槓桿比率就是 5 倍。

避險基金之所以大量使用槓桿，是因為他們追求的不是相對於大盤的表現，而是「無論市場漲跌，都要獲利」。這種策略背後的前提，是他們自認能找到市場錯誤定價、掌握特殊事件、透過高頻或量化模型獲利。

槓桿可以在行情看對時迅速放大獲利，但問題是──只要一次錯判，就可能出現巨大虧損。

第七章　風險怎麼被管理？—保險、投資與避險的邏輯

國際案例：Archegos 事件如何引爆百億損失？

2021 年，一家名為 Archegos Capital 的家族辦公室，因對中概股採取極高倍數槓桿操作，導致一連串強制平倉事件，最後引爆全球多家銀行損失超過百億美元。

Archegos 並非傳統避險基金，但其操作方式幾乎一致：大量使用股權掉期（total return swap）這種衍生商品，以小額保證金控制巨額部位。當標的股價回跌，券商要求追加保證金，Archegos 資金不足被迫平倉，造成市場連鎖性崩跌。

這場事件揭露了幾個關鍵問題：一、槓桿結構的不透明；二、券商風控失靈；三、資金集中在少數標的，違反風險分散原則。

槓桿與金融穩定的拉鋸

事實上，避險基金並非一定是壞事。許多避險基金提供市場流動性、提高資產定價效率，甚至在危機時期成為穩定資金來源。

但當槓桿過度，系統性風險也隨之而來。尤其當多家基金集中押注同類標的，一旦市場出現閃崩（flash crash），就會出現連鎖賣壓，擴大系統震盪。

這也是為什麼全球金融監理機構開始重視避險基金的「總曝險資料揭露」，希望提高透明度，避免另一次「雷曼式風暴」。

第三節　投資組合理論與風險分散：ETF 是穩定的選擇嗎？

臺灣投資人該擔心什麼？

雖然臺灣沒有避險基金這類主體，但 ETF、結構型商品或連結海外資產的保險商品，也可能在背後含有槓桿機制。

例如某些「反向 ETF」或「兩倍槓桿 ETF」，短期可做趨勢操作，但若長期持有，會因為每日重新調整而出現「時間衰減」，讓報酬偏離原本預期。

此外，臺灣部分壽險資金投入海外高收益債、市場波動時若搭配衍生商品避險失敗，也可能影響整體資產穩定度。

能放大報酬的，也能放大風險

避險基金與槓桿策略的存在，提醒我們一件事：風險不是不存在，而是被暫時壓制。金融市場看起來穩定的時候，往往是各種高槓桿部位正在悄悄醞釀。

對一般投資人而言，不需要深入研究所有避險基金策略，但你應該了解──當你買的商品背後牽涉到槓桿，你所承擔的風險早就不是表面看到的那樣單純。

在這個槓桿可以輕易取得、複雜交易隨手可得的時代，真正該對抗的，不是市場的波動，而是我們對風險的麻痺感。

第七章　風險怎麼被管理？—保險、投資與避險的邏輯

第五節　財富管理與資產錯配：
　　　　高資產族群的配置習慣

曾經在一場財富管理論壇中，臺上一位家族辦公室的投資長說：「臺灣最有錢的一群人，並不是靠股市致富，而是靠企業、靠房地產，甚至靠節稅規劃。」這句話聽起來或許讓人意外，但確實點出一個關鍵：財富真正累積的路徑，與多數人習慣的理財方式其實不太一樣。

這也讓我們有必要重新理解，「高資產族群」是如何進行資產配置的？他們的風險偏好、流動性考量、稅務設計，與一般散戶有著根本上的不同。而所謂「資產錯配」，往往不是因為資產種類選錯，而是因為結構無法對應需求。

誰是高資產族群？

根據多家財富管理機構定義，「高資產客戶」通常是指可投資資產超過 3,000 萬元至 1 億元新臺幣以上的個人或家族。在臺灣，這類客群大多來自企業主、醫師、地產投資者、科技新創成功者或隱形冠軍型中小企業。

這些人之所以需要財富管理，並不是因為「不知道怎麼投資」，而是因為他們的資產總額龐大、來源複雜，牽涉稅務、繼承、公司股權與流動性等多重需求，必須用全局思維規劃資產，而不只是單純追求報酬率。

他們真的把錢放在股市嗎？

你可能會以為高資產人士擁有最專業的投資團隊，因此股票與基金應該是他們的主要資產。但實際上根據 2023 年 UBS 全球家族辦公室報告，全球

第五節　財富管理與資產錯配：高資產族群的配置習慣

超過55％的超高資產家族將主力資產配置在「非公開市場」——例如不動產、私募股權（PE）、創投基金（VC）或基礎建設等。

原因很簡單：這些資產報酬穩定、與公開市場連動性低，且多具備抵禦通膨能力。對於不急於變現、資金規模龐大的族群而言，這類資產反而比股市更能扮演長期資本保值與增值的角色。

資產錯配的陷阱：
不是標的不對，是比例失衡

那為什麼還是常常聽到「富人也會虧大錢」？原因之一就是資產錯配。

最典型的情況是流動性錯配。例如某企業主將八成資產壓在海外房地產與股權投資，但當企業週轉出現資金缺口時，發現手上可動用的現金部位不足，只好高利借貸，導致資金成本上升、壓力擴大。

另一種是風險錯配。有些高資產族群雖資產規模龐大，卻將資金集中投入某個區域（如中國房市）、某一類型（如高收益債），當市場反轉時，風險沒有被分散，結果損失比散戶還慘。

臺灣現象：
保單與不動產的偏好

在臺灣，財富管理最常見的兩種資產配置偏好是「儲蓄型保單」與「房地產」。

儲蓄型保單之所以受歡迎，是因為它具備節稅、資產傳承與收益保證功能，對於已經累積一定資產的人來說，是風險可控的資金停泊工具。但問題

第七章　風險怎麼被管理？—保險、投資與避險的邏輯

是，過度依賴保單，會讓整體資產流動性降低，且在利率環境快速變動時，可能出現保單殖利率低於市場利率的損失機會成本。

至於房地產，尤其是商用不動產與都會區住宅，一直是高資產人士的最愛，原因包括租金收益穩定、資產保值與可槓桿操作。但近年房價高漲與稅制變革，也讓不少人開始思考是否進行資產重配。

財富管理不是「投資多元化」，而是「結構合理化」

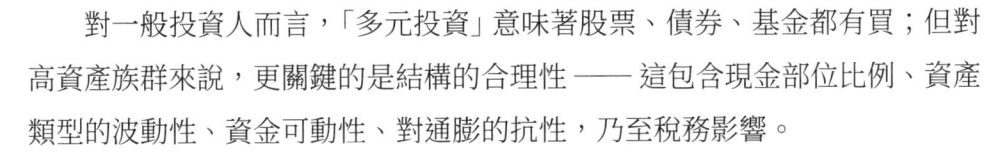

對一般投資人而言，「多元投資」意味著股票、債券、基金都有買；但對高資產族群來說，更關鍵的是結構的合理性 —— 這包含現金部位比例、資產類型的波動性、資金可動性、對通膨的抗性，乃至稅務影響。

因此，一個好的財富管理建議，並不會只是推薦「買哪一檔基金」，而是會從家族目標（如企業接班、資產傳承、慈善信託）出發，設計包含資產地區分布、法律結構、信託架構與保險配置的整體方案。

一般人可以借鏡的觀念

即使你不是高資產族群，仍可以從他們的配置思維中學習兩個重點：一是「配置優先於選股」；二是「風險視角優先於報酬目標」。

這表示，與其盯著哪檔股票可能漲一倍，不如先問問自己：當市場下跌30%，我的資產結構會不會讓我陷入流動性困難？當家庭需要緊急支出時，我手上的資產是不是能馬上動用？

管好配置，才是富有的起點

許多財富的崩壞，其實不是因為市場變化太快，而是因為資產結構太脆弱。高資產族群最重視的從來不是賺錢速度，而是抗風險能力與資產的延續性。

對於一般投資人而言，財富管理的第一步，不是成為有錢人，而是開始像有錢人那樣思考。

第六節　黃金作為保值資產的歷史角色與當代局限

如果你走進任何一家傳統銀樓問：「現在買黃金還划算嗎？」老闆多半會說：「金價永遠不會跌啦，黃金才是真正的保值工具。」這樣的說法或許讓人安心，但在當代資產配置的角度來看，黃金真的依然是穩固的避風港嗎？

黃金自古以來被視為「真正的貨幣」，在戰亂、金融危機與高通膨時期都扮演過重要角色。但隨著現代金融系統與數位資產崛起，黃金的保值地位也面臨不少挑戰。要理解黃金的真正功能，得從它的歷史角色與現代局限談起。

黃金的歷史地位：從硬通貨到央行儲備

在人類文明史中，黃金不只是裝飾品，更是貨幣體系的基礎。古代文明以金幣為交易媒介，到了近代，金本位制度讓各國貨幣與黃金直接掛鉤。二

第七章　風險怎麼被管理？—保險、投資與避險的邏輯

戰後，布列敦森林制度以美元為中心，但美元與黃金掛鉤（每盎司 35 美元），仍保留黃金的核心地位。

即使在 1971 年美國總統尼克森宣布美元與黃金脫鉤，全球進入法定貨幣（Fiat Money）時代，但黃金依然被各國央行持有，作為一種「終極儲備資產」。這表示，即便黃金不再流通，它仍具有穩定價值的象徵意義。

危機時期的保值避風港？

從歷史數據來看，黃金在幾次金融動盪期間確實表現亮眼。

- 2008 年金融海嘯後，全球量化寬鬆政策推升通膨預期，黃金價格從每盎司 800 美元飆升至 2011 年高點 1,900 美元以上。
- 2020 年 COVID-19 大流行引發避險需求，金價再次站上 2,000 美元。
- 地緣政治衝突（如俄烏戰爭）也常推升黃金短期價格，反映其危機中的避險屬性。

但這些表現都伴隨極高波動。例如金價在 2011 年後大幅回檔，四年內跌回 1,100 美元區間，讓不少追高買進的投資人深受其害。

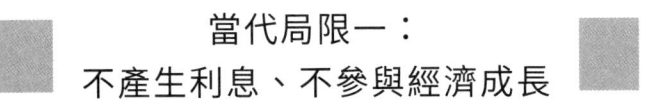

當代局限一：
不產生利息、不參與經濟成長

黃金最大的問題，在於它是一種「無現金流資產」──它不會配息、不會產生租金，也無法透過企業成長而創造價值。這使得黃金在低利環境下吸引力較高，但當利率上升時，其機會成本就會上升。

舉例來說，當美國公債殖利率升高，投資人會傾向配置能產生固定收益的資產，而非持有無息的黃金。這也是 2022 年聯準會升息循環期間，黃金價格表現相對平淡的原因之一。

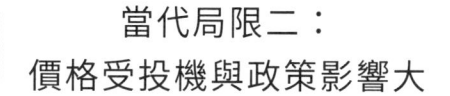

當代局限二：
價格受投機與政策影響大

雖然黃金長期被視為價值儲存工具，但實際上，其價格經常受市場情緒與政策因素影響。許多黃金 ETF、期貨市場與槓桿商品的交易，使黃金短期價格變動更加劇烈。

此外，各國央行的買賣行為也會對黃金市場造成重大影響。例如中國、俄羅斯與印度央行近年增加黃金儲備，就對價格形成支撐。但這種央行行為本身也帶有地緣政治與外匯儲備考量，對一般投資人而言難以預測。

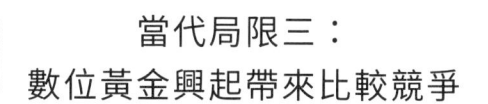

當代局限三：
數位黃金興起帶來比較競爭

近年比特幣被稱為「數位黃金」，原因就在於它也具備稀缺性、去中心化、可跨境流通等特性。一些年輕投資人甚至認為，比特幣比黃金更容易儲存與轉移，更符合現代資產特性。

儘管比特幣本身波動極高，尚未被主流央行認可，但它的崛起確實對黃金形成某種挑戰。尤其在全球數位資產興起的趨勢下，黃金的相對吸引力正面臨新一輪評估。

第七章　風險怎麼被管理？—保險、投資與避險的邏輯

黃金仍有角色，但不能單押

即使如此，黃金在多數投資組合中仍具備價值，特別是在對抗通膨與金融系統不確定性時期。例如：許多退休基金與高資產家族仍保留5%～10%的黃金或貴金屬配置，作為防禦性資產的一環。

但問題在於，許多散戶容易被「保值神話」吸引，過度集中黃金部位，或誤以為金價永遠只會漲。這樣的配置思維，反而違背了風險分散的原則。

投資黃金，應該用什麼工具？

目前投資黃金的方式很多，包括實體金條、存摺黃金、黃金ETF、黃金期貨、甚至與黃金掛鉤的結構型商品。

實體黃金適合長期儲藏、防災儲備；ETF則適合流動性需求高的投資人；而槓桿與期貨產品則僅建議專業投資人短線操作使用。每種工具對應的風險與成本不同，應依個人目的選擇，不可一概而論。

黃金不再是唯一避險選項

對於當代投資人而言，黃金仍是重要的資產選項之一，但它已不再是「無可取代的保值王者」。

理解它的歷史背景與當代局限，有助於我們理性看待黃金的角色 —— 它可以是一塊拼圖，但不能是整幅地圖。

要在這個不確定的世界中穩健立足，我們需要的，不是對單一資產的信仰，而是對整體配置與風險管理的自覺。

第七節　數位貨幣與央行數位貨幣（CBDC）設計問題

「老師，比特幣到底能不能買咖啡？」這是某次課後一位學生的提問。這個問題看似簡單，其實直指貨幣的核心功能：是否能安全、穩定、普遍地用來交易。

而在虛擬資產快速崛起的十年內，從比特幣、以太幣到各式穩定幣，再到各國政府推出的央行數位貨幣（Central Bank Digital Currency, CBDC），我們正逐步走入一個貨幣定義重新被挑戰與塑形的時代。

貨幣是什麼？數位貨幣改變了哪些事？

貨幣的三大功能是交易媒介、計價單位與價值儲藏。而數位貨幣的出現，最初是民間為了挑戰法定貨幣壟斷所設計的替代品——比特幣就是典型例子。

然而比特幣的波動劇烈、擴展速度慢、交易確認時間長，使其難以成為主流支付工具。反而像 USDT、USDC 等與美元掛鉤的「穩定幣」（stablecoin），更實際地在跨境轉帳、加密交易所、DeFi 應用中發揮角色。

這也讓各國央行開始正視：如果貨幣主權逐漸被民間數位資產侵蝕，那政府該如何重新主導金融體系？

第七章　風險怎麼被管理？—保險、投資與避險的邏輯

CBDC 是什麼？
與比特幣、穩定幣有何不同？

央行數位貨幣（CBDC）是由國家發行的法定數位貨幣，它的最大特徵是「具有法律效力」且「由央行擔保」。與比特幣的去中心化相反，CBDC 是高度集中管理的數位資產。

與穩定幣相比，CBDC 不依賴商業機構資產作擔保，也不必擔心儲備金是否足額，理論上擁有更高的信任度。

目前推出或試點 CBDC 的國家包括：

- 中國的數位人民幣（DCEP）：推行範圍最廣，採雙層架構，由央行發行、商業銀行流通。
- 歐洲央行的數位歐元：正進入試驗階段，重視隱私與線上線下並行功能。
- 巴哈馬的 Sand Dollar、奈及利亞的 eNaira：已進入全面使用。
- 美國聯準會與麻省理工進行的 Project Hamilton：尚未正式定案。

設計 CBDC 要解決哪些問題？

一個真正可行的 CBDC 系統，並不是單純把「鈔票變成 App」，而是涉及整個貨幣體系的再設計。以下是幾個核心設計難題：

- 隱私與追蹤的平衡：太匿名可能成為洗錢工具，太透明又會讓民眾擔心國家監控。
- 雙層架構與金融穩定性：如果民眾把存款從商業銀行全轉去 CBDC，會不會導致銀行挖存潮與信貸緊縮？

第七節　數位貨幣與央行數位貨幣（CBDC）設計問題

- 跨境使用的法律協調：不同國家的數位貨幣如何交換？怎麼避免被用來規避制裁？
- 技術安全與離線使用：如果電力中斷、網路斷線，CBDC 還能用嗎？

臺灣的 CBDC 進展到哪裡？

根據中央銀行 2023 年報告，臺灣的數位新臺幣已完成第二階段技術試驗，採「雙層架構」設計，由中央銀行發行、金融機構負責分發。

技術上採區塊鏈與集中式資料庫混合模式，支援小額支付、離線轉帳與即時結算功能。

但在政策面上，中央銀行仍保持審慎，認為需要更長時間的社會對話與金融衝擊評估，並強調不會取代現有的現金與電子支付，而是「補充性存在」。

CBDC 對你我有什麼影響？

未來 CBDC 若正式發行，你的數位錢包可能直接與央行系統連線，不需要透過銀行帳戶也能進行支付、轉帳，甚至可能內建「限時消費」、「用途限制」等功能。

這對普惠金融是一大利多──邊緣戶、不具帳戶者將能進入金融體系。但也讓人擔心，政府是否會對每筆交易都瞭如指掌？會不會變成控制消費行為的工具？

此外，企業端的會計系統、發票制度、稅收監控也會受到巨大變革，形成全面數位化的財政結構。

第七章　風險怎麼被管理？—保險、投資與避險的邏輯

數位貨幣時代，你需要的新認知

我們正處於貨幣功能重新定義的時代。在傳統現金與信用卡之外，數位貨幣、穩定幣、CBDC 正在建構新的支付與資產儲存方式。

這不只是科技問題，而是關乎你我未來交易自由、財務隱私與金融公平性的重大轉變。

面對這些變化，我們應該問的不是「比特幣值不值得買」，而是「誰在定義價值？」、「誰能監管我的交易？」這才是數位貨幣帶來的核心挑戰。

理解 CBDC 的設計邏輯，是認識下一代金融秩序的起點。未來的錢不只是換了個樣子，而是整個使用規則都將被改寫。

第八節　當銀行擠兌來臨：
　　　　臺灣歷史上的銀行擠兌事件

銀行擠兌的成因與影響不僅是金融議題，更牽動群眾心理、制度信任與政府干預的時機點。從經濟學角度來看，擠兌反映的是一種「信任的崩解」，而這樣的崩解常常來得又快又急。

擠兌是什麼？為何會發生？

所謂銀行擠兌（bank run），是指大批存戶在短時間內爭相提領存款，因擔心銀行倒閉、資金無法取回。由於銀行是「部分準備制度」，也就是只保留部分存款作為準備金，其餘用於放款與投資，因此當過多存戶同時提款時，

第八節　當銀行擠兌來臨：臺灣歷史上的銀行擠兌事件

銀行即便帳面資產健全，也會陷入流動性危機。

擠兌的可怕之處在於它具有「自我實現」特質：即便最初只是謠言，只要足夠多的人相信銀行會倒，這家銀行就真的可能因此資金枯竭而倒閉。

▰ 臺灣擠兌事件一：中興銀行（1995）▰

1995 年 3 月，中興銀行因財務狀況不明確及媒體報導風波，導致民眾恐慌性提款。短短幾天內出現擠兌潮，銀行營運受到衝擊。

當時中央銀行與金管會迅速介入，提供資金調度與信心喊話，最終透過臨時資金挹注穩定存戶信心，使擠兌潮逐步退燒。儘管未造成倒閉，但事件對民眾財產安全感造成動搖，也提醒主管機關資訊揭露與危機應變機制的重要性。

本事件也促使主管機關建立更完善的銀行資訊揭露制度與存款保險信心宣導計畫，使民眾未來面對類似事件時能更冷靜判斷，降低連鎖效應的發生可能。

▰ 臺灣擠兌事件二：中華銀行（2000）▰

2000 年中華銀行擠兌事件源於當時董事會內部鬥爭與經營糾紛被媒體披露，引發外界對其經營穩定性的擔憂，民眾恐慌性排隊提款。

政府隨即透過金管會與中央銀行介入協調，強化對外說明，並由金檢單位出具資產健全說明，同時保證存戶權益無虞。最終順利化解擠兌，但此事件也突顯公司治理不良對金融穩定的深遠影響。

第七章　風險怎麼被管理？—保險、投資與避險的邏輯

事件後，金融主管機關推動強化董事會問責制與法遵機制，並鼓勵銀行間資本整併，以提升整體抗風險能力。這也成為臺灣推動銀行合併風潮的契機之一。

臺灣擠兌事件三：博愛信用合作社（2007）

2007 年，高雄博愛信用合作社因理事長涉詐貸案與內控機制失靈，事件曝光後三日內即出現大規模提款潮，超過 2 億元存款被提出。

金融監理機關立即啟動接管程序，由中央存保公司介入資產處理與債務清償，針對小額存戶先行賠付，其餘金額延後分期返還。事件歷時半年，造成部分民眾資金調度困難，也對地區金融信心產生負面影響。

事件使得主管機關加速推動地區信用合作社整併與制度性轉型，包括資本結構提升、資訊系統強化與地區金融人員專業訓練課程，避免制度性落差持續存在。

擠兌如何平息？

從臺灣歷年擠兌案例可見，政府出面介入是控制擠兌擴大的關鍵因素。當局往往透過臨時資金挹注、媒體信心喊話、加強金融機構資產透明度與存款保險制度背書，來降低民眾恐慌心理。

此外，金融監理單位會針對涉事機構進行全面調查，視情況採取接管、整併、或設立專戶保障存戶權益，確保系統風險不擴散。

第八節　當銀行擠兌來臨：臺灣歷史上的銀行擠兌事件

同時，現行制度下，中央銀行也會啟動流動性支持機制，協助面臨資金排擠的機構取得緊急資金，以避免連鎖性擴大。

擠兌對民眾財產的實際影響

雖然大多數事件中政府介入避免了最壞情況，但存戶資產仍常因為擠兌造成：

- 無法即時提領資金，影響日常生活與營運週轉
- 高額存戶超出保險額度部分面臨延遲甚至部分損失風險
- 金融機構恢復信任後仍需長時間重建顧客基礎

對於財務較不穩定的民眾而言，擠兌風波甚至會導致財務鏈斷裂，影響貸款信用與生活信心。

例如 2007 年博愛信合社事件中，多位中小企業主因短期資金卡關，被迫中止工程、向地下錢莊借款或緊急出售資產，對家庭財務造成連帶衝擊。

重建信任比補償更難

臺灣銀行擠兌事件的共通特徵是：訊息不明導致恐慌、政府及時介入穩定信心、民眾財產受到短期衝擊。真正的長期教訓是，金融體系的穩定不僅仰賴監理制度，更需要資訊透明、公司治理健全與民眾的金融素養。

對一般人而言，選擇穩健經營的金融機構、多元分散存款來源、熟悉存保制度內容，才能在突如其來的風暴中，守住自己最根本的財務安全感。

第七章　風險怎麼被管理？—保險、投資與避險的邏輯

　　此外，應持續關注自己往來機構的信用評等與財報公告，參考金管會公告的金融機構風險資訊，將「資產安全」納入理財規劃首要考量，而非僅追求短期利率或回饋優惠。

第八章

制度怎麼影響經濟？
——政府、政策與規則的經濟學

第八章　制度怎麼影響經濟？—政府、政策與規則的經濟學

第一節　市場失靈與政府介入的合理邏輯

某間麵包店曾經鬧過一場「免費送吐司」風波。業者為吸引人潮，推出一小時內免費領取活動，沒想到人潮失控、警察到場，最後甚至造成交通堵塞與店家資源耗竭。這個事件或許只是行銷過度，但背後其實反映了「市場本身」並不總是能有效分配資源。

在經濟學中，這樣的情況稱為「市場失靈」(market failure)。也就是市場在某些條件下，無法達成資源最適配置、產出最有效率或分配最公平的結果。這時，政府介入就成為必要機制，而不是單純的干預。

市場失靈的四大類型

經典經濟學將市場失靈主要分為以下四大類：

- 公共財問題 (public goods)：像是國防、警察、路燈這類商品，具有「非排他性」與「非競爭性」，市場無利可圖，因此企業不願生產，需由政府供應。
- 外部性 (externalities)：當一方的行為影響到他人卻未反映在市場價格上。例如空汙、噪音、疫苗施打等正面或負面的影響。
- 資訊不對稱 (information asymmetry)：例如保險市場中，投保人知道自己健康狀況，但保險公司無法即時掌握，導致逆選擇與道德風險。
- 市場力量過大 (market power)：如壟斷與寡占企業，控制價格或限制產量，破壞市場競爭機制。

第一節　市場失靈與政府介入的合理邏輯

這些失靈類型在現實生活中處處可見，而政府正是負責修補這些裂縫的機構。

政府的補救工具有哪些？

針對不同的市場失靈類型，政府介入的方式也各有不同：

- 公共財問題：透過稅收供給基礎建設與社會服務
- 外部性問題：課徵汙染稅、提供補助、建立排放交易制度
- 資訊不對稱：建立公開揭露制度、要求強制說明或保證
- 壟斷問題：反托拉斯法、價格管制、限制併購

例如：臺灣政府針對機車排氣汙染，推動「老車報廢補助」，就是對負外部性進行補償性調整；針對壟斷市場如電信與能源，則設置公平會與能源局進行監管。

為什麼不能過度迷信市場自由？

有些觀點主張市場應自由發展、政府應少干預。但從經濟學角度看，市場自由的前提是「完全競爭」，包括無數買賣方、資訊透明、商品同質等，但這些條件在現實中幾乎不存在。

舉例來說，學貸制度若完全交由市場決定，可能出現利率飆升、弱勢學生無法升學等現象，因此臺灣採用「就學貸款」由政府補貼利息，就是一種矯正市場缺陷的制度設計。

第八章　制度怎麼影響經濟？—政府、政策與規則的經濟學

▰▰ 政府介入會不會反而更糟？ ▰▰

的確，政府也可能失靈（government failure），包括官僚效率低落、政策設計錯誤、資源分配不均。但這並非市場就一定比政府好，而是兩者需在動態中互相制衡與修正。

關鍵不在於「是否要介入」，而是「如何設計介入方式」——讓政策既有效率，又能減少不當干預。像是政策實驗、金融沙盒制度，都是讓政府在有限範圍內嘗試解決問題、累積經驗的制度。

▰▰ 臺灣市場失靈的常見案例 ▰▰

- 健保制度：政府以全民健康保險彌補醫療市場資訊不對稱與保險選擇失靈
- 住宅政策：社會住宅與包租代管制度，緩解房市壟斷與租金飆升問題
- 教育補助：針對偏鄉弱勢族群提供學習資源，矯正教育外部性不足

這些政策背後的核心，都來自「市場不會自動變公平」，而是需要制度上的設計與財政支持。

▰▰ 政府是修補者，也是設計者 ▰▰

市場失靈的存在，說明了經濟系統並非完美運作的機器。政府的角色不只是修補，而是要設計一個能夠不斷學習與調整的制度平臺。

對公民來說，理解市場為何會失靈、政府又是如何介入，正是培養政策判斷力的第一步。我們不該只是談「小政府或大政府」，而是要學會問：「這

個市場出現了什麼失靈？」、「政府的這個作法能解決問題嗎？」

這樣的提問方式，才是真正的經濟素養。

第二節　補貼政策與租稅抵減：綠能與電動車補助分析

假如你在 2023 年買了一輛新款電動機車，結帳時驚喜地發現原價 8 萬多元的車，實際只花了 5 萬多。原因在於，你申請了中央環保署的淘汰補助、經濟部的汰舊換新獎勵，還有地方政府的加碼津貼。這一連串補貼，看似是你賺到，實際上卻是政府政策設計的經濟誘因。

這正是補貼政策與租稅抵減（tax credit）發揮作用的場景。這些制度工具看似技術性，但在資源分配與產業轉型中扮演關鍵角色，特別是在氣候變遷、能源轉型與消費行為改變的時代背景下。

為什麼需要補貼？
—— 市場外部性與政策目標的對接

補貼與租稅抵減的設計初衷，多半為了矯正市場失靈。當某項行為或商品具有正外部性（如減碳、節能、教育），但市場價格無法反映其社會效益時，政府便會提供補貼，誘使民眾或企業採取該行為。

綠能與電動車即是典型例子。若僅靠市場力量，電動車初期成本高、充電不便，消費者即使有環保意識，也可能因價格卻步。因此政府透過補助，降低進入門檻，拉近綠色選擇與市場現實的落差。

第八章　制度怎麼影響經濟？—政府、政策與規則的經濟學

臺灣的綠能補貼政策概觀

1. 再生能源保證收購制度（Feed-in Tariff）

政府保證以高於市價的價格收購民間太陽能與風力發電，提供穩定收益，吸引投資。

2. 節能設備汰舊補助

針對冷氣、冰箱、照明等高耗能設備，提供更新補貼，促進節電。

3. 電動車購車補助

依據排放減量與車型性能，搭配車輛報廢與換購機制給予不同金額補助。

這些補貼策略設計並非單向給錢，而是搭配技術門檻、使用規範與申請流程，意圖在「鼓勵行為改變」與「抑制濫用資源」間取得平衡。

電動車補助政策的效果與挑戰

臺灣的電動機車補助政策自 2017 年全面推行，至 2023 年累積超過 70 萬臺銷售，占整體機車新購比例逐年提升。然而，這套政策也顯露出幾項關鍵問題：

- 廠商依賴補貼導致價格僵化：部分品牌在補助期內未主動降價，反而把補助視為利潤加成，降低價格競爭誘因。
- 地方補助不均，城鄉落差擴大：六都資源較多者提供加碼補助，非六都民眾享有補助額度偏低，造成地區間購車意願落差。

第二節　補貼政策與租稅抵減：綠能與電動車補助分析

- 退場機制模糊，政策延續不確定：多數補助未設期限或條件限制，造成業界對政策延續性缺乏明確預期，妨礙中長期投資規劃。

租稅抵減的另類路線：企業減碳與研發誘因

除了直接補貼外，租稅抵減是另一項政府常用的政策工具，特別適用於企業端操作。以綠能與電動車產業鏈為例，政府針對下列項目提供稅務減免：

- 投資節能設備可折抵營所稅
- 企業內部碳盤查與 ESG 揭露費用可申報抵稅
- 對供應鏈升級、充電樁建置等基礎設施投資給予資本支出抵減

這種間接誘因方式避免了「補助即依賴」的問題，也促使企業思考效率與創新，而非僅靠政府養分維生。

比較國際案例：挪威與韓國

1. 挪威

早在 1990 年代起就大規模提供電動車免稅優惠，包括購車免增值稅、行車免過路費與停車費，至 2022 年電動車銷售占比突破 80%。但 2023 年起陸續取消部分優惠，轉向市場機制。

2. 韓國

政府集中補貼電池與關鍵技術研發，並配合「碳中和 2050」目標規劃，將補貼與技術門檻直接連結，以提升產業競爭力為主。

第八章　制度怎麼影響經濟？—政府、政策與規則的經濟學

這兩個案例呈現不同方向：一是「消費端驅動」，一是「供給端升級」。臺灣則多數處於前者階段，未來若要轉型為科技創新導向，需調整策略方向。

政策補貼的風險與制度設計重點

再有效的補貼，若無良好的制度規劃，也可能帶來資源錯配與道德風險。常見問題包括：

- 資源重複申請與補助詐領
- 補助政策成為特定廠商或產品的「變相保護傘」
- 政策目的與市場回饋脫節，形成短視投資泡沫

因此設計上需兼顧「公平」、「效率」、「時效」三大原則，並結合數位化資料串聯強化審查機制。

補貼不是萬靈丹，而是過渡性設計

任何補貼或抵稅制度，都應被視為過渡工具，目的是讓市場逐步發展出能自我運作的環境。長期而言，只有當技術成熟、成本下降、使用者習慣建立後，政策誘因才能順利退場，讓市場接手。

對臺灣而言，綠能與電動車政策若要發揮長效，關鍵不在補助金額多寡，而在於是否能驅動產業升級與消費結構改變。

政府是催化劑，但不是常設買單人。當政策設計能讓民間自主投資、消費者自我選擇，補貼才不會變成習慣性依賴，而是成為永續發展的墊腳石。

第三節　勞保與年金制度的經濟可持續性

你有算過自己未來能領多少退休金嗎？或是，你曾經對「勞保快破產」這種說法感到不安？在臺灣，不少年輕人對於自己未來是否能領到退休金感到悲觀，甚至乾脆不信任整個制度，選擇提早投入股票或虛擬貨幣市場，自建「另類退休計畫」。

但無論個人打算如何規劃，勞保與年金制度的永續性，仍牽動整體社會財政與世代公平。這一節將深入解析臺灣勞保與公私年金制度的運作模式、面臨的壓力與未來可能的改革方向。

勞保與年金是什麼？制度設計的出發點

勞工保險（勞保）屬於社會保險的一環，涵蓋傷病給付、職災補償與老年年金等功能，主要由勞工、雇主與政府共同負擔保費，採「現收現付制」，也就是當期繳費者支付當期退休者給付。

公教軍警與部分企業另有「退休金」制度，屬於儲蓄性質的年金制度。這些年金基金主要以「確定給付制」（Defined Benefit, DB）或「確定提撥制」（Defined Contribution, DC）為基礎。

理想上，這些制度是為了讓勞工在退休後維持基本生活保障，避免老年貧窮問題擴大，也展現社會互助精神。

第八章　制度怎麼影響經濟？—政府、政策與規則的經濟學

為什麼大家說「勞保會破產」？

根據勞動部公布資料，截至 2024 年，臺灣勞保基金已進入收支逆差狀態，年度支出大於收入。預估若不改革，將於 2028 年前後用罄積存準備金，成為真正的「入不敷出」狀況。

原因包括：

- 人口結構老化，領取者快速增加，繳費者比例逐年下降
- 投資報酬率偏低，無法彌補財務缺口
- 給付計算公式調整緩慢，缺乏彈性

簡單說，制度成立初期是建立在「多繳少領、早死少領」的假設上，而現在卻變成「少繳多領、長壽必領」的現實。

年金制度的公平性問題：世代對立與職業差距

另一個備受爭議的議題是：不同職業族群間的年金保障落差。公教人員擁有穩定的退休俸與補充保險機制，而私部門勞工則仰賴勞保與自提的勞退金，保障水準差異甚鉅。

這使得年輕世代產生「我繳錢給你們領退休金」的觀感，加劇世代對立。此外，部分高所得群體能透過補充保險、私人年金或投資型保單進行財富配置，而基層勞工則幾無選擇，進一步惡化財富不平等。

第三節　勞保與年金制度的經濟可持續性

國際借鏡：瑞典與新加坡的制度設計

- 瑞典年金制度：實施「帳戶制」與「自動調整機制」，每人有專屬帳戶，給付與壽命、經濟成長連結，制度財務自動平衡。
- 新加坡中央公積金（CPF）：兼具儲蓄與社會保險功能，資金可用於購屋、醫療與退休，個人可自由提撥比例與投資方向。

這些制度共同點是：透明、個人化、高彈性，並建立與壽命、經濟變數連動的調節機制，減少政治干預空間。

臺灣目前的改革困境

儘管政府自 2017 年起陸續推動公教年改、提高勞保費率、延後請領年齡等措施，但仍面臨以下挑戰：

- 政治敏感度高：年金改革涉及廣大族群利益，常淪為選舉攻防焦點
- 缺乏跨世代對話平臺：年輕族群難以參與制度設計與監督，意見無法納入改革思路
- 公私部門制度碎片化：勞保、勞退、公保、國保等各自為政，缺乏整合與規模經濟

未來可行方向：從「公平穩健」出發

為使制度具備經濟可持續性，需從以下方向著手：

- 引入「自動調整」機制，讓給付隨壽命與財務變化彈性調整

第八章　制度怎麼影響經濟？—政府、政策與規則的經濟學

- 採「帳戶制」強化個人責任感，提升透明度與信賴感
- 推動公私年金整合，縮小制度差異
- 鼓勵補充年金與勞退自提，建立多元退休來源

此外，可藉由金融科技建構個人年金資訊平臺，讓民眾能即時追蹤自身累積金額、試算未來可領金額，增強參與感與制度信任。

年金制度的核心不是「破不破產」，而是「能否調整」

年金制度是否永續，不是取決於一筆錢何時用完，而在於制度設計是否能跟上社會變化。只要給付方式有彈性、調整邏輯透明、跨世代協商順利，就能避免危機。

最終，這不只是財政問題，而是臺灣社會對於「老有所養」與「代際公平」的集體選擇。年金改革的每一步，都是對未來社會契約的重新定義。

第四節　產業政策與資源錯配：六大核心戰略產業成效觀察

「臺灣不該再是代工王國。」這句話在歷屆政府的產業政策白皮書中屢見不鮮。為了擺脫低附加價值、被動接單的經濟模式，政府提出六大核心戰略產業：資訊與數位產業、生技醫療、綠能科技、國防產業、精準健康與循環經濟，期望引領臺灣下一波成長動能。

第四節　產業政策與資源錯配：六大核心戰略產業成效觀察

然而，政策推動至今已有五年以上（2020），這些產業真如政策藍圖般發展順利？或是在高度補助與資源傾斜下，反而出現了新的資源錯配與效率低落現象？本節將從制度設計、資金配置、人才流動與企業回饋四大面向檢視臺灣近年的產業政策執行成效。

什麼是「資源錯配」？為何會發生？

資源錯配（misallocation）指的是政府在推動產業升級過程中，資金、人力與土地等資源並未流向最具競爭力或產出效率的產業或企業，而是被補貼政策、審查制度或產業政治所扭曲。

例如：若補助資金流向投資報酬率偏低或研發能力有限的業者，只因其熟悉補助申請流程或具備政治人脈，便會導致「效率低企業獲得高資源，創新型企業反而受限」的現象。

六大核心產業的現況與問題

1. 資訊與數位產業
科技部與經濟部持續推動 AI 晶片、雲端運算、資安技術發展，吸引不少新創加入。然而，多數資源仍集中於大型半導體廠商，對中小企業的技術轉化與人才培育支持不足。

2. 生技醫療產業
政策以加強臨床試驗、鼓勵新藥研發為重點，但實際產出仍多為學研型計畫，與市場需求脫節，加上法規審查期長，使產品商轉率偏低。

第八章　制度怎麼影響經濟？—政府、政策與規則的經濟學

3. 綠能科技產業

太陽能與風電發展快速，但也出現地方協商成本高、用地糾紛與供應鏈集中化問題，部分小廠面臨進退兩難，補貼多、獲利少。

4. 國防產業

政策支持航太零組件與自製武器系統，但國際合作與輸出管道受限，產值尚未形成規模，部分資源投入於技術尚未成熟的項目，回收期長。

5. 精準健康

資料整合平臺建置初期投資龐大，但資料治理與隱私議題未獲社會信任，導致平臺使用率與研究應用有限。

6. 循環經濟

推動資源回收再利用、工業共生等概念，但實務中制度設計與獎懲機制仍未健全，業者參與動機偏低。

政策執行的制度性盲點

1. 補助導向導致路徑依賴

企業習慣以「符合補助條件」作為研發目標，而非市場需求為導向，導致創新品質不彰。

2. 人才流動不自由

部分補助要求業者限定用人或配合行政計畫，導致人才無法有效流動於不同產業階段。

第四節　產業政策與資源錯配：六大核心戰略產業成效觀察

3. 審查機制偏重形式與過去績效

導致新創企業難以取得初期資源，資深企業反而憑藉過往紀錄反覆取得資金。

地方政府角色與協調困境

各縣市政府在爭取六大產業計畫資源時，常出現土地超前、產業未到、廠房空轉等問題。許多地方產業園區高掛「生技產業園」、「綠能聚落」招牌，實際入駐者卻以傳統產業為主，反映中央與地方在產業導向上的協調機制仍不夠清晰。

成效評估指標的缺失

目前多數產業補助計畫採「期中、期末審查報告」作為評估依據，難以反映長期產業價值或技術突破對社會的實質貢獻，建議未來納入下列指標：

- 技術商轉率
- 高階人才留任率
- 中小企業參與比例
- 補助後產值增幅
- 社會或環境正向影響評估

第八章　制度怎麼影響經濟？—政府、政策與規則的經濟學

▰▰ 如何避免產業政策的「風口資源漂移」？ ▰▰

臺灣的產業政策往往受到國際趨勢與媒體風口影響，造成資源短期大量集中於某一類別，例如某年狂推區塊鏈、某年轉向元宇宙，結果未見產業基礎建設穩定發展，僅留下一地計畫與展示。

要避免「追風式政策」，應強化下列原則：

- 建立跨部會整合平臺，推動政策長期性與協調性
- 強化開放申請平臺與專案陪伴制度，降低資源集中化
- 推動「產業價值鏈地圖」公開透明，鼓勵產業鏈上下游共同規劃

▰▰ 政策不是資金，而是誘因設計 ▰▰

六大核心產業的推動成果雖有亮點，但整體而言仍面臨資源分配效率、制度設計合理性與民間參與門檻的挑戰。

產業政策若僅止於「補助預算」而無法設計出有力誘因，將難以真正推動企業轉型或創新行為。

真正的關鍵在於制度設計是否能讓資源自然流向效率高、創新能力強且具社會回饋的企業。如此一來，產業政策才能成為驅動經濟與公共利益並進的力量，而非變成一場無法驗收的補助競賽。

第五節　地方財政與公共建設投資效率

一座新建的展覽中心在啟用後一年內舉辦不到十場活動，平日空無一人，當地居民戲稱它是「蚊子館 2.0」。這種情況並非孤例，從各地的運動園區、文化中心到地景裝置藝術，許多看似亮眼的公共建設，在完工之後卻缺乏營運計畫或實質用途，形成龐大的維護與財政壓力。

地方財政問題與公共建設效率密切相關，這不只是預算編列的技術問題，更是制度設計、誘因機制與治理能力的總體展現。這一節將從財政結構、建設評估流程、補助制度與政治經濟動態等面向，探討臺灣地方政府在公共投資上的困境與出路。

臺灣地方政府財政結構的現實

臺灣地方政府財政來源主要可分為三類：

- 自籌收入：地方稅（地價稅、房屋稅、娛樂稅等）與使用者付費收入（如停車費、場館租借等）
- 中央統籌分配稅款：中央政府依比例將部分營所稅、綜所稅回饋各縣市
- 特別補助款與建設計畫經費：中央依計畫補助重大建設或政策推動

但事實上，除少數直轄市與產業集中地區，大多數縣市的自籌財源比例偏低，對中央補助高度依賴，形成「中央出錢、地方配合」的資源結構，也造成地方在建設案中主體性不足，容易出現為了爭取經費而倉促提出需求、欠缺長遠規劃的狀況。

第八章　制度怎麼影響經濟？—政府、政策與規則的經濟學

公共建設選址與效益評估的制度盲點

雖然臺灣公共工程皆須經過「可行性評估」、「綜合規劃」與「環境影響評估」，但在實務上仍存在若干問題：

- 評估模型以工程技術與預算執行為核心，較少納入社會使用頻率與長期營運成本
- 地方政府常以「預算能否核定」作為第一優先，而非實際需求與地區人口結構
- 對「預期效益」的認定過度樂觀，導致計畫實施後無法達標，卻仍需持續維護

例如：某偏鄉鄉鎮曾投入 3 億元興建多功能運動館，但因人口老化、交通不便，啟用率極低，五年後反成為年度最大維修成本來源之一。

政治週期與「短線建設文化」

另一項導致建設效率低落的原因，是政治任期與基礎設施規劃的結構性錯配。地方首長任期四年，易傾向推出「能快速完工的建設」，以累積政績，而忽略規劃期長、回收期更長的基礎設施。

同時，部分選區政治邏輯讓議會與首長之間形成「建設條件交換」機制，例如：支持預算通過換取地方建設案，讓資源分配更傾向政治平衡而非效率最大化。

第四節　產業政策與資源錯配：六大核心戰略產業成效觀察

中央補助機制的制度設計問題

目前中央補助地方建設的制度面臨三大挑戰：

- 案案補助，無全盤整合：不同部會各自補助，造成地方「計畫破碎化」，彼此重疊、缺乏綜效
- 年度預算壓力，造成倉促執行：補助款需在年度內動支與結案，導致品質與效益被犧牲
- 缺乏成效評估與使用者參與機制：核定後多半不再追蹤是否真正使用率達標或滿足居民需求

有學者指出，若能以「區域治理平臺」為單位推動跨縣市建設與整體規劃，將比個別縣市各自為政更具資源利用效益。

高效建設的成功案例：臺南水資源中心

臺南市政府與中央合作，在安南區設置水資源回收中心，結合汙水處理、生態教育與再生水使用，該案規劃初期就由地方社區參與，並以10年為營運期目標。

該建設不僅技術上達到節水與循環經濟目標，也成為周邊學校與社區的環境教育基地，反映出「長期思維 × 在地參與 × 跨部整合」三者缺一不可。

第八章　制度怎麼影響經濟？—政府、政策與規則的經濟學

提高公共建設效率的三個方向

1. 強化前期可行性評估與成本效益分析

納入社會需求、人口結構、營運模型與在地居民參與意見，確保建設有使用正當性與長期效益。

2. 建立建設後評估與退場機制

對啟用後成效未達標者，評估改用途或轉為民間經營，以免公共資產閒置耗損。

3. 推動跨域合作平臺

讓數個鄰近縣市共用一大型設施，例如中部綜合展演空間、中彰投共用運動設施，創造規模經濟與管理效率。

地方財政的未來不只是錢，而是決策品質

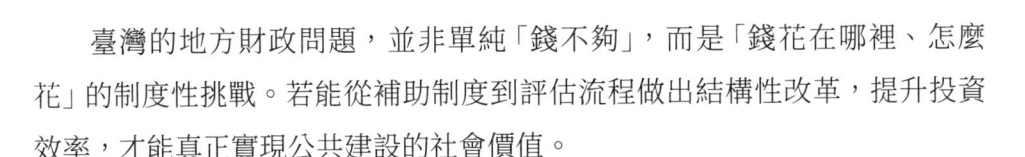

臺灣的地方財政問題，並非單純「錢不夠」，而是「錢花在哪裡、怎麼花」的制度性挑戰。若能從補助制度到評估流程做出結構性改革，提升投資效率，才能真正實現公共建設的社會價值。

讓預算不再只是分餅，而是創造公共效益的起點，才是我們該追求的治理轉型目標。

第六節　ESG 揭露規範與企業應對策略

近年來，某家上市公司在其官網首頁新增了醒目的「永續專區」，內含碳排數據、性別平權政策、供應鏈管理指標等資料。這並非單純形象工程，而是對新興 ESG（環境、社會與公司治理）揭露要求的實質回應。

ESG 已從過去的「好公司附加條件」逐漸變成投資人、監理機關與社會大眾的基本期待。尤其在歐盟、英美與亞太主要市場相繼強化揭露規範後，臺灣企業無法置身事外。本節將深入解析 ESG 揭露規範的演進背景、臺灣當前制度架構、企業因應策略與潛藏挑戰。

ESG 是什麼？為何備受關注？

ESG 即 Environmental（環境）、Social（社會）、Governance（治理）三大面向，起初作為投資機構衡量企業非財務風險與永續價值的標準，後逐漸轉化為監理與揭露框架，並引導企業長期經營策略調整。

全球 ESG 風潮的成因可歸納為三：

- 氣候變遷與永續轉型壓力：企業需揭露碳足跡、排放減量承諾等資訊，符合減碳趨勢
- 社會意識覺醒：性別平權、供應鏈勞動權益與多元包容等議題浮上檯面
- 金融市場趨勢轉變：資產管理機構導入 ESG 篩選原則，影響投資與授信決策

第八章　制度怎麼影響經濟？—政府、政策與規則的經濟學

國際揭露規範的新趨勢

1. 歐盟 CSRD（企業永續揭露指令）

2024 年起要求歐盟大型企業全面揭露 ESG 資訊，涵蓋碳排、勞權、治理結構等指標，並需經第三方審計。

2. IFRS 永續準則（ISSB）

國際會計準則基金會設立永續準則委員會，推動全球一致性 ESG 揭露架構。

3. 美國 SEC 氣候揭露草案

要求上市公司揭露範疇一、二、三碳排資料，導入風險揭示與治理責任機制。

這些制度推進的結果是：企業無論是否位於境外，只要參與國際供應鏈或資本市場，均需調整其永續揭露與內部管理邏輯。

臺灣的 ESG 規範現況與挑戰

臺灣證交所與櫃買中心自 2023 年起，強化上市櫃公司 ESG 資訊揭露，重點包括：

- 營收達特定門檻者須提交「永續報告書」
- 高碳排產業須揭露碳盤查與減量計畫
- 上市櫃公司須設置永續發展委員會或專責單位

不過，臺灣企業在執行面仍面臨幾項挑戰：

第六節　ESG 揭露規範與企業應對策略

- 標準多元與指標不一致：全球有 GRI、SASB、TCFD 等多種揭露準則，企業難以統一比照
- 中小企業能力落差大：多數資源集中於大型企業，中小企業缺乏專業人才與系統工具
- 數據品質與驗證問題：部分企業報告偏重敘述與形象包裝，缺乏量化資料與外部驗證

ESG 揭露的策略意涵：從合規到競爭力

ESG 不僅是風險控管工具，更是企業強化競爭力與形象的槓桿。成功企業多從以下三方面著手：

- 碳盤查與減碳策略：導入 ISO14064 標準、進行碳足跡盤點並設定減碳目標
- 社會責任制度化：設立多元員工招募制度、強化性騷擾防治流程、定期進行利害關係人溝通
- 公司治理優化：董事會設立永續發展委員會，推動資訊透明、內控強化與反貪制度

這些行動能有效提升企業信用評等與 ESG 評比結果，進而影響外部投資決策與融資成本。

第八章　制度怎麼影響經濟？—政府、政策與規則的經濟學

ESG 下的供應鏈壓力：中小企業如何應對？

全球品牌企業開始將 ESG 要求下放至供應鏈，要求供應商提供碳盤查資料、證明無強迫勞動或環境破壞，對臺灣眾多以出口為導向的中小製造業而言，是龐大挑戰。

政府與企業應共同建立「永續供應鏈支援平臺」，提供如下協助：

- 免費碳盤查工具與教學資源
- ESG 人才訓練與顧問派遣
- 補助中小企業導入碳管理與社會責任制度

這類協作式政策，才能讓臺灣整體產業鏈在 ESG 轉型過程中穩健邁進，避免因資訊落差而被市場淘汰。

從報告義務到文化內化：永續治理的下一步

若 ESG 揭露僅止於產出一份報告書，則只是制度應付。未來的關鍵在於：企業是否能將永續目標內化為日常決策依據，並設計能長期激勵員工與供應商的制度架構。

例如：

- 業績考核納入 ESG 指標（如員工流動率、碳排成效）
- 年度預算中保留永續創新專項資金
- 供應商選擇標準加入 ESG 評分

唯有當永續治理成為企業文化的一部分，ESG 才不再只是外部壓力，而能成為提升韌性、吸引人才、創造價值的新引擎。

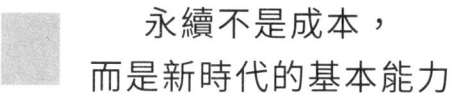

永續不是成本，而是新時代的基本能力

ESG 揭露制度的深化與國際趨勢同步，將迫使臺灣企業全面思考其經營哲學與責任邊界。這不是某些大型企業的責任，而是所有參與市場的行動者必須面對的新現實。

永續能力將成為企業存續與擴張的基本門檻。那些最早理解並轉化制度要求為經營動能的企業，才有可能在接下來的十年，站在全球供應鏈的核心位置。

第七節　金融監理沙盒與創新與風險的平衡

2018 年，臺灣第一件金融監理沙盒實驗由一家科技公司提出，測試以區塊鏈技術串接保險申請流程，讓理賠從數日縮短為數小時。儘管最後未能正式商轉，卻掀開了一場關於「創新與監管可以並行嗎？」的公共討論，也讓「金融監理沙盒」一詞走入大眾視野。

金融監理沙盒（Regulatory Sandbox）是讓創新金融服務在一定條件下「暫時不適用部分法規」的實驗制度，目的是鼓勵創新同時控管風險。這套制度已在全球超過 60 個國家推動，是金融科技監理轉型的關鍵手段之一。

第八章　制度怎麼影響經濟？—政府、政策與規則的經濟學

本節將回顧臺灣監理沙盒制度的推動歷程、制度設計邏輯、目前成果與存在的限制，並與國際經驗比較，探討如何在創新與風險之間取得平衡點。

金融創新的監理困境

隨著 AI、區塊鏈、大數據與雲端運算等科技進入金融業，出現許多傳統法規未能涵蓋的新型態服務，例如：

- 以演算法推薦投資組合的機器人理財
- 利用社群信用資料提供小額信貸
- 使用虛擬貨幣進行跨境匯款

這些新服務挑戰了既有的監理框架：

- 法規更新速度落後於技術創新
- 現行監理制度偏重事前核准與主體管制，無法涵蓋分散式、平臺式營運模式
- 對於風險型態、責任歸屬與消費者保護無清楚標準

於是，監理沙盒成為「在真實市場中測試創新、同時限制風險外溢」的制度解方。

臺灣的監理沙盒制度設計

臺灣於 2018 年通過《金融科技發展與創新實驗條例》，設立監理沙盒制度，主要設計包括：

第七節　金融監理沙盒與創新與風險的平衡

- 開放對象：不限定金融機構，科技業者、學研單位、跨界新創皆可申請
- 實驗期間：最長不超過一年，並可申請一次延長
- 豁免法規：經主管機關審查，可豁免不符現行金融法規的部分義務
- 實驗環境：需提出完整風險控制與消費者保護計畫

制度推行初期曾因審查程序繁瑣與不確定性高，引發申請意願低落。但隨著申請流程簡化與「創新實驗計畫核准準則」明文化後，申請件數逐年上升。

創新實驗與實質成效的落差

儘管數量成長，但外界對沙盒制度也有不少批評：

- 實驗與商轉脫節：多數實驗完成後未能正式推出產品，制度銜接不足
- 法規彈性有限：雖稱「豁免」，但多數僅限於形式性規範，實質營運仍受限制
- 實驗空間窄化：許多創新難以在一年的時限與監理框架下完成驗證

這些問題顯示，若制度設計與監理文化仍偏向「預防風險」而非「管理風險」，創新者終將轉向其他管制較寬鬆地區。

國際比較：新加坡與英國的制度亮點

1. 新加坡 MAS（金融管理局）

採「分層沙盒」制度，提供不同風險程度的創新不同監理寬容度，並設「沙盒加速器」提供技術、法律與市場資源。

第八章　制度怎麼影響經濟？—政府、政策與規則的經濟學

2. 英國 FCA（金融行為監理局）

設有「沙盒畢業通道」，成功實驗案可直接進入監理認可流程，降低商轉落差。

兩國共同特色為：監理機關積極參與創新設計階段，不僅是審查者，更是輔導者與資源整合者。

沙盒的未來：制度再設計三方向

(1) 從一次性實驗轉向「監理空間」建構：不只是臨時豁免，而是建立持續調整與回饋機制。

(2) 強化跨部會整合平臺：如財金、科技、法務單位共同參與審查與資源支持，避免政策落差。

(3) 促進沙盒實驗成果轉化與標準制定：將成功案例轉化為產業標準或指引，帶動整體市場升級。

沙盒不是特權，而是創新公共平臺

監理沙盒的價值，不在於替企業「開後門」，而是創造一個公共政策實驗場域，讓創新得以在有控管風險的條件下試錯、學習與成長。

只有當監理者願意從「風險管理者」轉化為「創新促進者」，金融沙盒才不會淪為形式化制度，而能真正促進科技創新與金融普惠。

沙盒制度的真正挑戰，不在於設立與否，而在於能否真正培養出一種「容許失敗、鼓勵調整」的創新文化，這將決定臺灣在全球金融科技競賽中的位置。

第八節　疫情紓困資源分配的分配邏輯與公平性

2020 年 COVID-19 疫情爆發後,臺灣政府迅速祭出各類紓困方案,包括發放現金、減稅、貸款利息補貼、補貼業者營運損失等,試圖穩定民心、支持企業與個人度過難關。根據主計總處資料,截至 2023 年,中央共編列超過 8,400 億元作為疫情紓困與振興預算,規模相當於年度總預算的 1/5。

然而,龐大資源投放是否真正「公平有效」?在緊急時刻,政府如何在效率與正義之間取得平衡?哪些制度設計影響了補助的分配結果,又有哪些族群可能被排除在資源之外?本節將從政策設計邏輯、資源分配結果、制度執行機制與分配公平性四個層面切入,重構疫情期間的經濟治理圖像。

紓困政策的設計邏輯:目標對象與工具選擇

疫情紓困政策大致可區分為兩大類:

- 普遍性補助 (universalism):如三倍券、現金紓困、營業稅減免等,對所有人或企業開放申請
- 針對性補助 (targeting):如觀光業、夜市、藝文產業補貼,或對弱勢家庭、臨時工、計程車司機等特定群體給予資源

設計邏輯在於:普遍性工具執行快速、公平感高但成本高、資源容易分散;針對性補助精準度高、資源集中,但需要詳盡資料與辨識機制,執行難度高。

第八章　制度怎麼影響經濟？—政府、政策與規則的經濟學

舉例來說，行政院 2020 年推出「急難紓困」現金補助，設定無固定收入、收入減少 20%以上者可領取，但須提交相關證明，導致不少符合條件者因無法舉證而被排除，形成「看得見卻領不到」的反效果。

資源分配的實際效果與爭議

根據審計部報告與學界研究，疫情期間部分資源分配出現以下問題：

- 行業界線模糊：補助對象分類不清，部分邊緣產業（如語言補教、臨演、自由工作者）難以納入
- 數位落差加劇排除：申請程序依賴網路系統與數位資料，不熟悉者（如高齡者、小規模自營業者）申請成功率低
- 補助「僵化」而非彈性調整：一旦方案公告便不易更動，無法因疫情演變快速調整範圍與內容

例如：2021 年振興五倍券政策雖強調刺激消費，但對真正收入減少的族群影響有限，反而讓既有購買力者得以受惠，引發「是否資源錯置」的公平性質疑。

分配公平性的四種觀點

(1) 機會公平（equal opportunity）：每人都有申請與獲得補助的機會。

(2) 結果公平（equal outcome）：補助結果是否縮小原有不平等。

(3) 需求導向（need-based）：資源分配是否優先給最迫切者。

第八節 疫情紓困資源分配的分配邏輯與公平性

（4）貢獻導向（merit-based）：是否依個人對社會貢獻與影響程度進行分配。

多數紓困政策傾向前兩種邏輯，但在緊急狀況中，難以完全照顧第三種（如非正式經濟人口）與第四種（如醫護、防疫人員家庭）

地方政府的角色與執行力差異

疫情期間中央負責設計補助架構與撥款機制，地方政府則負責實際審查與核發。但由於各縣市資源、行政能量與數位化程度不同，導致：

- 資料串接能力強的縣市可快速審核
- 有自有預算者加碼補貼
- 行政流程繁瑣者造成民怨

例如教育部推行的急困學生寒暑假營養午餐補助，曾出現宣導不足、資料辨識困難、實際受益學生僅約 10％且出現重複補助情形，後被監察院糾正。整體制度流程中資訊與資料整合不佳，導致發放延遲與錯誤現象，足以作為典型案例參照。

政策透明度與公信力的挑戰

資源分配過程中，是否透明、能否接受監督，也大大影響政策公信力。疫情初期部分補助審查標準模糊、對外說明不足，引發「人脈決定能否領到」的質疑。

第八章　制度怎麼影響經濟？—政府、政策與規則的經濟學

為強化信任基礎，應推動：
- 公布補助通過與否的標準與邏輯
- 定期揭露撥款與使用報告
- 設置公民監督平臺或參與式預算制度

國際比較：韓國與紐西蘭的分配經驗

1. 韓國

實施中央統一平臺，每人均獲現金補貼，並配合民眾捐贈選項，引發廣泛社會共鳴。

2. 紐西蘭

強調高信任治理，設立「疫情經濟應對部門」，集中資訊與服務窗口，減少混亂與重複。

兩者共通點是：行政體系一體化、資訊簡明透明與民眾可預期性高，反觀臺灣則在「多頭管理」與「資訊碎片化」問題上表現不一。

後疫情時代的制度反思與改革建議

(1) 建立「緊急經濟應變平臺」：整合各部會與地方政府資訊系統與資源彈性分配能力。

(2) 擴大對非正式工作者的納保與資料掌握：如平臺工作者、接案者等。

第八節　疫情紓困資源分配的分配邏輯與公平性

（3）設計混合式補助機制：結合基本普發與差異化補助，提高效率與公平的平衡。

（4）推動紓困資料平臺開放與研究利用：讓學界與公民團體參與政策檢討與優化。

公共資源的分配，不只是一筆錢的去向

疫情紓困不只是財政撥款，更是一場民主社會對於「誰值得被幫助、如何判斷需要」的集體選擇。資源分配的背後，其實反映了政府價值觀、行政能力與社會信任的交錯體。

下一次危機終究會到來，若能從這次經驗中建立更具透明性、參與性與彈性的新制度基礎，才是真正面對風險社會的長期準備。

第八章 制度怎麼影響經濟？—政府、政策與規則的經濟學

第九章

經濟與生活怎麼交錯？——
社會結構與日常經濟的內外圈

第九章　經濟與生活怎麼交錯？—社會結構與日常經濟的內外圈

第一節　M型社會的消費型態：中產階級的消失

某天在臺北信義區百貨公司的精品專櫃外，一位年輕人拿著手機掃描最新限量球鞋的價格，轉身後卻在樓下美食街點了一份最便宜的便當。一樣是都市生活場景，兩種極端消費方式並存，這不是個案，而是臺灣社會越來越普遍的經濟現象。

這就是所謂的「M型社會」（M-shaped society）現象：高所得與低所得人口逐漸壯大，而中間收入族群相對萎縮，導致消費行為出現明顯兩極化。從房價到餐飲、從保險選擇到教育支出，中產階級逐漸難以維持傳統「穩定、向上流動、累積資產」的生活型態。

本節將分析臺灣M型社會現象的成因、對消費結構與企業行銷策略的影響，並探討政策如何在維持社會流動性與公平性間找尋出路。

中產階級縮減的真實現象

中產階級的定義因時因地而異，但通常指的是：收入處於社會中位數前後、有能力負擔基本生活、擁有部分資產（如房產、存款）、並對未來抱持穩定預期的一群人。

根據主計總處 2023 年資料，臺灣家庭所得中位數約為 96.1 萬元（年），但中位數區間族群比重有下降趨勢，相對地，高所得與低所得戶比例擴大，呈現典型 M 型分布。

這種結構轉變主要來自：

第一節　M 型社會的消費型態：中產階級的消失

- 高房價與低薪資形成資產階級與勞動階級落差
- 高教擴張後投資報酬下降，教育難再成為向上流動工具
- 家庭支出集中化，尤其在育兒、健康與房租支出上形成壓力鍋

消費行為的兩極化特徵

在 M 型結構下，消費呈現明顯雙峰：

- 高所得群：偏好高端、客製化、體驗式消費，注重品牌、品質與服務
- 低所得群：追求 CP 值、折扣、平價量販，自我犧牲性消費增加

例如：便利商店推出的「精品咖啡」同時搭配 19 元平價美式；大賣場內同時出現進口有機蔬菜與即期食品專區；服飾品牌一方面推出快時尚系列，一方面加碼 VIP 訂製服務。

企業在行銷上也必須調整策略，不再以「平均消費者」為對象，而是同時針對「高端小眾」與「價格敏感大眾」分別設計產品線與溝通語言。

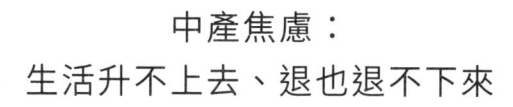

中產焦慮：
生活升不上去、退也退不下來

許多原屬中產的家庭，面對的是不上不下的處境：

- 申請補助不夠窮，繳稅卻不夠有餘裕
- 孩子補習、長輩照護、房貸支出，每月幾乎無儲蓄空間
- 職場晉升機會有限，跨階層流動可能性下降

第九章　經濟與生活怎麼交錯？—社會結構與日常經濟的內外圈

這類「夾心族」的焦慮，不只是財務問題，更是心理安全感的崩潰。長期而言，將導致消費保守、投資猶豫與創業意願下降，削弱整體經濟活力。

教育、房產與醫療：三大中產焦慮核心

1. 教育負擔

臺灣家長普遍願意在教育上大筆支出，卻面對「高學歷≠高收入」的現實，使得教育投資報酬不確定性提高。

2. 房產入門門檻過高

根據內政部 2024 年統計，雙北地區的房價所得比持續高於 15 倍，顯示即便為雙薪家庭，取得自有住宅的門檻仍然偏高，進入市場相對困難。

3. 醫療自費項目增長

儘管有全民健保，但長照、牙科、眼科與癌症相關治療自費比重上升，讓中產階級備感壓力。

社會觀感與價值變動

M 型社會不僅改變經濟數據，也重塑社會價值觀：

- 「買得起」成為階層認同的象徵，導致炫富文化與節制美德並存
- 投資理財風氣興起，但資訊不對稱導致「窮人買保險，富人買資產」的結果
- 對政府與制度的不信任感擴大，期待高但參與度低

在這種氛圍下，公共政策若無法重新說明其正當性與實質效用，將面臨正當性危機。

政策因應方向：強化社會流動與風險保護

1. 調整稅制與補貼邏輯

改以「所得中間段」為主要對象設計稅賦減免與補助，提高政策公平感與支持度。

2. 推動住宅可負擔政策

如青年住宅、共有住宅與租屋補貼，協助中產取得基本居住權利。

3. 擴大教育機會平等機制

包含學費遞減、偏鄉獎助金與職業教育資源提升。

4. 建立長照金融配套

如長照儲蓄帳戶、保險鼓勵政策，減輕家庭未來醫療壓力。

經濟結構變動下的生活想像

M 型社會不是短期景氣現象，而是長期結構轉變的結果。中產階級的萎縮若無法逆轉，將削弱社會的消費穩定性、政策共識與信任基礎。

面對這樣的經濟與社會圖像，重建「向上流動的可能性」與「生活風險的可控性」，才是對抗 M 型社會焦慮的真正關鍵。

第九章　經濟與生活怎麼交錯？—社會結構與日常經濟的內外圈

唯有讓更多人重拾對未來的想像，消費才不再是階級標籤，而能回歸滿足生活的本質。

第二節　青年負債與學貸制度的結構問題

在一場大學畢業典禮上，一位學生發言：「畢業不是自由的開始，而是債務的開始。」臺灣的學貸制度，原意是協助弱勢學生順利完成學業，但如今卻成為許多年輕人邁入社會的第一道經濟枷鎖。學生負債問題，不只是個人經濟壓力的展現，更反映出教育資源分配、勞動市場結構與社會流動機會的制度性困境。

臺灣學貸制度概況與使用情形

根據教育部統計，截至 2023 年，全臺大專院校學生中有超過四分之一曾申請學貸，累計人數超過一百萬人。多數學生在畢業時背負 20～40 萬元不等的學貸本金，若加上利息與寬限期後開始償還的壓力，將對剛起步的就業者形成巨大負擔。

儘管政府設有寬限期與利息補貼機制，但許多學生仍感到學貸制度缺乏彈性，且無法反映他們在求學期間與進入勞動市場後的實際收入變化。

結構問題一：
教育擴張與薪資停滯的斷裂

過去幾十年來，臺灣高等教育大幅擴張，大學錄取率超過 95%，但畢業生所能獲得的薪資卻未見明顯提升。根據行政院主計總處資料，2023 年大學畢業生起薪中位數仍在 30,000 元上下徘徊，與 20 年前相比幾乎沒有變化。

也就是說，學生在教育上的投資報酬率正在下降。在這樣的情況下，學貸從「助學」工具轉變為「加壓」機制，對年輕人形成雙重壓力：一方面需投入更多資源完成學歷門檻，另一方面卻難以從勞動市場中取得足夠報酬。

結構問題二：
償還機制與職涯發展的矛盾

目前臺灣學貸制度採固定分期還款方式，雖可申請延後，但對不穩定就業者（如約聘、接案工作、兼職者）而言，仍難以負荷。此外，臺灣並未建立「收入導向還款 (Income-Contingent Repayment)」制度，無法依學生實際收入進行還款彈性調整。

國外如澳洲、英國與紐西蘭等，皆已推行「收入比例型學貸償還制度」，讓學生在年收入未達一定標準前得以暫緩還款，或只需依比例繳納，避免在收入未穩定前過早承受壓力。

第九章　經濟與生活怎麼交錯？—社會結構與日常經濟的內外圈

結構問題三：
學貸使用與社會階層再製

學貸原為縮小教育不平等的工具，但在現實中卻可能加劇階級複製：

- 中高收入家庭學生無需借貸，可安心就學與就業探索；
- 低收入家庭學生雖有學貸資源，卻因就學期間需兼職或省吃儉用影響學習成果，畢業後背負還款壓力、早早進入職場以減少債務週期，無法參與升學或跨領域轉職機會。

結果是：制度上看似公平，結果卻隱性強化了社會階層鞏固。

青年理財困局與心理壓力

許多受訪青年指出，他們因學貸尚未還清而不敢進一步投資理財、創業或結婚生子，形成「延後人生」的世代特徵。不少人甚至表示「自己只是為了還錢而工作」，長期處於經濟焦慮與心理負擔交錯的狀態。

這種焦慮，不僅影響消費與家庭形成，也衝擊整體社會活力與生育率，形成長遠的社會成本。

政策建議：
從工具補貼轉向制度再設計

（1）導入收入比例還款制度：讓還款與實際收入連動，避免造成初入職場的過度負擔。

(2) 增設公共助學金與獎助金比例：減少對學貸的依賴，特別是在弱勢族群上。

(3) 推動青年債務整合與諮詢服務：協助年輕人建立償債計畫與基本財務知識。

(4) 完善接軌職場的補助機制：如實習工讀薪資補貼、創業貸款利息減免，縮短教育與就業之間的落差。

青年債務，是國家的預支風險

當一整個世代在起點就被壓上沉重債務，未來的社會活力、創新能力與家庭穩定性都將受影響。青年學貸問題不是個人選擇的錯誤，而是制度設計與經濟結構共同產生的結果。

若不能讓年輕人重拾對未來的基本信任，學貸制度不僅無法成為向上流動的橋梁，反而會成為社會不平等的新根源。真正的改革，必須從收入彈性、公共責任與社會移動性三者的結合開始。

第三節　育兒經濟與性別角色分工：家庭勞動的經濟價值

在臺灣，一位全職媽媽的工作內容可能包括：每日一日三餐（備點心與宵夜）、接送小孩、陪寫功課、打掃、洗衣、照顧長輩、記帳，甚至協助家人處理保險與就醫事宜。若以最低時薪換算，其年產值可能超過新臺幣七十萬元，卻從未進入 GDP 統計。

第九章　經濟與生活怎麼交錯？—社會結構與日常經濟的內外圈

「家庭勞動」在現代經濟指標中長期被忽視，尤其是在育兒與照顧工作中，性別分工的影響更深。當越來越多年輕家庭面對高房價、高育兒成本與雙薪壓力，育兒經濟的結構性問題成為值得正視的制度議題。

育兒成本的真實壓力

根據國發會調查，臺灣一名孩子從出生到大學畢業的平均養育成本已超過六百萬元，若再加上補習、才藝、私校教育與托育服務，總金額可能突破一千萬元。這些支出項目包括：

- 嬰幼兒時期：尿布、奶粉、疫苗、托育與看護
- 學齡前：安親班、幼兒園、課後活動
- 國小至高中：補習費、學雜費、交通費
- 大學階段：住宿費、生活費與學費

在雙薪家庭逐漸成為主流的社會結構下，若缺乏完善托育與照顧體系，育兒往往成為一方（多為女性）退出職場的原因。

性別角色與無酬勞動的制度性隱形

根據行政院性別平等處數據，截至 2023 年，女性在家務與照顧勞動上的投入時數仍為男性的 2.4 倍。即使在雙薪家庭中，女性承擔「第二份工作」的情況仍極為普遍。

然而，這些無酬勞動不僅不被納入國民生產毛額，也難以在社會保險、退休制度或勞動保障中獲得認可。結果是：

第三節　育兒經濟與性別角色分工：家庭勞動的經濟價值

- 女性因育兒中斷職涯，影響終身收入與退休金
- 勞動市場對於照顧經歷缺乏價值認可
- 公共政策難以回應家庭真實壓力，僅以育嬰補助與稅賦減免形式進行「事後彌補」

家庭勞動的社會經濟意涵

育兒與照顧工作其實具備以下經濟價值：

- 替代市場成本：若將照顧工作完全外包，其費用遠高於目前的家庭實支。
- 再生產勞動力：照顧者不僅養育下一代，也維持現有家庭勞動人口的運作效率。
- 減輕社會照護支出：家庭若能穩定運作，可減少社會救助與醫療資源的負擔。例如高齡照護若由家庭承擔，可節省長照支出。

這些價值若未被制度認可與補償，將導致整體社會資源錯配與勞動力萎縮。

公共托育政策的不足與轉型方向

儘管政府近年已推動公共化托育與準公共托育系統，截至 2023 年，公共與準公共托育涵蓋率約為 45%，但地區落差仍大，偏鄉與非正職勞工家庭的育兒支持明顯不足。

為提升整體育兒支持體系，建議如下：

- 建立「育兒帳戶制度」，將照顧工作視為個人社會保障的一部分

第九章　經濟與生活怎麼交錯？—社會結構與日常經濟的內外圈

- 提升公共托育普及率至80%以上,並提高服務品質與區域可近性
- 推動「男性育兒假義務化」,強化家庭性別共擔文化
- 將育兒年限納入退休年資計算,承認無酬照顧的社會貢獻

育兒選擇與階層流動困境

調查顯示,資源較少的家庭多數傾向以家庭照顧為主,而非外包托育;這也代表,經濟條件越差的家庭,女性越可能退出職場,進而造成長期收入差距與社會流動停滯。

此種「照顧陷阱」會產生世代延續效應,使得弱勢家庭的下一代更難突破原有階級框架。

對家庭的支持,就是對經濟的長期投資

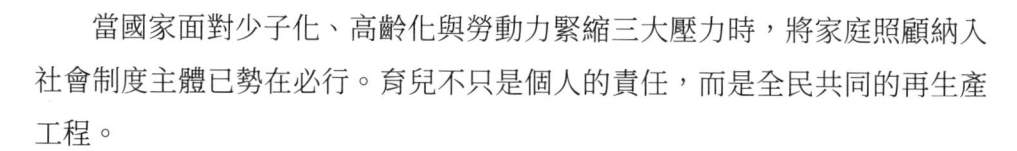

當國家面對少子化、高齡化與勞動力緊縮三大壓力時,將家庭照顧納入社會制度主體已勢在必行。育兒不只是個人的責任,而是全民共同的再生產工程。

家庭勞動的價值,應從「私領域的付出」轉化為「公共政策的投資」。唯有真正打破性別角色的制度結構,給予照顧者尊嚴與保障,臺灣的經濟與社會才有穩定且持續的未來。

第四節　醫療自費化與兩軌健保制度

「健保給付不了的，我們自費吧。」這句話在臺灣的醫院診間越來越常被聽見。自從全民健保制度於 1995 年上路，臺灣的醫療覆蓋率與可近性獲得廣泛肯定，但近年來「自費醫療」項目的增加，卻悄悄在不同階層間創造出一道「看病品質的隱形牆」。

醫療自費化的擴張，並不意味著全民健保的失敗，而是一個兩軌制度日益成形的徵兆：一條軌道提供基本給付與全民平等，一條軌道則依靠個人財力獲得更快、更多、更新的醫療服務。這不僅牽涉到財務問題，更深層地反映了公共制度設計的公平性、永續性與社會階級的再製。

自費項目快速擴張的背景

根據健保署統計，截至 2023 年，臺灣自費醫療市場規模已突破 1,600 億元，年成長率接近 8%。從牙科植牙、白內障手術使用高階人工水晶體、癌症標靶藥物，到預防性檢查、疫苗、醫美療程，自費項目已涵蓋診療、藥品、設備與服務流程等多面向。

導致自費項目增加的主要因素包括：

- 健保財務壓力：為控管支出，健保不斷限制新藥給付範圍與進入條件
- 醫療技術創新：新技術與器材價格高昂，短期內難以納入健保範圍
- 民眾期待升高：對療效、舒適性與治療選擇多樣化的需求持續成長

第九章　經濟與生活怎麼交錯？—社會結構與日常經濟的內外圈

兩軌醫療制度的形成與擴大

所謂兩軌制，即「健保基本給付軌」與「自費升級軌」並行。前者提供基本診療與標準治療，後者則讓有能力者透過加價享有更好的醫療體驗。例如：

- 同樣是白內障手術，健保給付的人工水晶體僅提供基本視力修復，而自費款則具抗紫外線、散光矯正功能
- 癌症病患使用健保未納入之標靶藥物，需每月自費數萬元甚至數十萬元
- 預約健檢或疫苗施打者，能以「更貴但更快」取得服務

這使得醫療的可近性不再僅與地理或制度有關，而與個人經濟條件密切連結。

自費化對民眾造成的差異與焦慮

兩軌制度的社會影響如下：

- 階層醫療風險差異擴大：低收入族群雖享有基本治療權利，卻難以獲得高品質或創新療程
- 就醫體驗分化：有資源者能快速取得診斷與療程，節省等待時間；無資源者則面臨漫長排程與無力負擔的選擇
- 醫病信任結構動搖：醫師需在提供醫療建議與說明自費項目之間取得平衡，可能引發民眾對推薦自費項目的疑慮

上述問題導致「看病變成財務決策」，也讓中產家庭面對重大疾病時陷入財務風險邊緣。

第四節　醫療自費化與兩軌健保制度

■■■ 醫療工作者的困境與價值張力 ■■■

在兩軌制度下，醫療人員面對矛盾角色：一方面需依循健保規範提供標準服務，另一方面又被期待能提供更高階自費選項。

這種情境下，醫師往往需投入更多時間進行自費說明、承擔更多溝通風險，卻未必能獲得相對回報，也讓臨床決策受制於財務考量，影響醫療倫理的核心價值。

■■■ 政策面可能的調整方向 ■■■

(1) 健保給付彈性提升：針對新藥與高價療程，採「條件式給付」或「逐步擴大」方式試辦。

(2) 自費項目透明化管理：建立公開查詢平臺，揭露各醫院自費項目內容與收費標準。

(3) 健保差額保險制度引入：鼓勵民眾以合理保費補充基本健保保障，降低高額風險暴露。

(4) 強化醫療評鑑與倫理機制：避免醫院過度推銷自費項目，維持醫療專業獨立性。

■■■ 醫療制度的公平性，
不只是生病時的待遇

一個公平的醫療制度，不應只有「病了能看病」，還應包括「不同人病了，看的是一樣的醫療」。當我們談論自費與健保的界線時，實際上是在探

第九章　經濟與生活怎麼交錯？—社會結構與日常經濟的內外圈

討：是否每個人都能以尊嚴、效率與安全的方式獲得應有的照顧？

唯有重新思考健保的基本原則、自費制度的合理界線與社會資源的公平分配，才能在醫療進步與財政永續之間，找回全民健康保險的初衷。

第五節　租屋與自住選擇的成本分析：臺北與高雄差距

臺灣社會的居住選擇正面臨日益極端化的發展。一方面，購屋價格持續攀升，使自住成為越來越難實現的夢想；另一方面，租屋市場卻普遍缺乏穩定性與保障，讓人進退兩難。特別是當我們比較臺北與高雄這兩個主要城市，不僅房價與租金有明顯差距，連帶的生活壓力與居住策略也呈現截然不同的圖像。

本節將從購屋與租屋的成本結構談起，剖析北高兩地在住宅市場的結構差異，並進一步探討這些差異如何影響家庭財務決策與社會移動性。

房價與租金的現實差距

根據內政部不動產資訊平臺數據，截至 2024 年，臺北市平均每坪房價突破 100 萬元，高雄市則約落在 35 萬元左右，兩地價差接近三倍。若以 20 坪住宅為例，臺北市動輒需 2,000 萬元起跳，而高雄約為 700 萬元。

在租金方面，臺北市單人套房平均月租金為 15,000 元以上，而高雄則約為 8,000 元。雖然相對收入也不同，但北部租屋族普遍面對租金壓力比中南部明顯更高。

第五節　租屋與自住選擇的成本分析：臺北與高雄差距

自住購屋的入門門檻

以雙薪家庭年收入平均 120 萬元計算，若要在臺北購買一間 2,000 萬元的房屋，需準備 400 萬元頭期款與每月超過 4 萬元的房貸支出，房貸負擔率遠高於建議的 30% 標準。即使以「青年安心成家貸款」等政府方案協助降低頭期與利率，實際還款壓力依然沉重。

反觀高雄，由於房價較低，相對較多家庭有可能於 35 歲前進入自有住宅市場。但高雄的工作機會集中度與薪資水準不若臺北，形成「可以買但不敢貸」的現象。

租屋市場的不穩定性

租屋在臺灣仍屬於不完全制度化的市場：

- 租約未強制登記，導致租客權益保障不足
- 房東稅賦不透明，造成租金資訊不對稱
- 缺乏長期租賃市場與租金管制機制，使租屋不穩定性高

北部因需求龐大與學區、交通便利性考量，租金水準偏高；中南部雖租金較低，但空屋率偏高，顯示資源分配不均。

成本比較：租 vs. 買的財務模擬

以一對年輕夫婦為例，在臺北購屋需準備至少 400 萬元頭期與 30 年房貸，每月支出約為 45,000 元，總成本超過 1,600 萬元（含利息）。若改租屋，每月租金支出約為 18,000 元，30 年總成本約為 650 萬元，但無法累積資產。

第九章　經濟與生活怎麼交錯？—社會結構與日常經濟的內外圈

在高雄，相同坪數的房屋購屋成本僅為 700 萬元，每月房貸支出約為 20,000 元，相對更具「財務可達性」。

居住決策的社會後果

- 北部青年傾向延遲購屋與結婚，甚至長期租屋或回家住
- 高房價區域造成人口外移與就業集中現象加劇
- 房價落差成為世代資產不平等的重要來源

特別值得注意的是，在父母援助購屋比例高的情況下，家庭資本的有無成為是否能進入自住市場的關鍵門檻，加劇社會階層再製。

政策建議：租屋制度改革與居住正義

(1) 強化租屋法制化機制：推動租賃登記常態化，提升租客法律保障。

(2) 擴大青年社會住宅與包租代管：減少租屋市場黑數與仲介剝削。

(3) 落實差別稅制與囤房稅：壓抑投資性買盤，提高使用效率。

(4) 導入租金補貼與可負擔租屋指數：提升租屋市場透明與穩定。

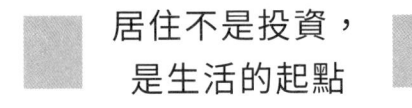

居住不是投資，是生活的起點

當居住權被視為基本人權，政府與社會便應從制度設計上重新思考「讓每個人有尊嚴地住下來」的可能。無論是臺北還是高雄，當居住選擇成為階

層分界的指標時,城市發展的長期穩定將受到嚴重挑戰。

真正的居住正義,不應只是讓有錢的人買得起、沒錢的人租得起,而是讓所有人都能安心選擇「如何住、住在哪、住多久」,不再讓房子主宰人生的起點。

第六節　地方創生政策與人口流失的經濟解方

在臺灣,從東部到離島、從山城到漁村,幾乎每個地區政府都喊出「地方創生」的口號。但在華麗的標語背後,人口老化、年輕人口流失與產業萎縮卻仍持續惡化。國發會統計,截至 2024 年,臺灣有超過一半的鄉鎮面臨人口自然減少與社會流失的雙重夾擊,青年返鄉比例仍低於 15%。

「地方創生」本意在於讓地方能自我造血、自我經營、自我循環,但若無法觸及經濟動能的核心、制度誘因的結構,以及對在地文化與人才的長期投資,就容易淪為短期補助或觀光活動包裝。

地方人口流失的結構根源

(1) 就業機會集中於大都市:以臺北、新竹、臺中為主的科技與服務業吸納多數年輕勞動力。

(2) 產業轉型緩慢:地方傳統產業(如農漁業、製造業)缺乏數位轉型與價值提升。

第九章　經濟與生活怎麼交錯？—社會結構與日常經濟的內外圈

(3) 教育與生活資源不對等：地方學校資源稀少，醫療、交通與文化設施吸引力不足。

(4) 土地與稅制制度不友善：返鄉創業面臨土地取得困難、法規不靈活與營運成本偏高。

地方創生政策的三大類型

(1) 文化再造型：如社區營造、老街活化、地方文創品牌。
(2) 產業導入型：招商引資、科技農業、生態旅遊。
(3) 人才回流型：返鄉青年創業補助、地方大學合作、駐村計畫。

這些政策雖形式多元，但若無長期產值與制度接軌基礎，往往淪為一次性活動。例如：某地推動地方市集與文創展售，吸引遊客一時熱潮，卻因後續缺乏品牌建構與銷售通路，無法真正提升當地就業與所得。

成功與失敗案例對照

1. 成功案例：臺東池上鄉

透過在地稻米品牌（如「池上米」）、藝術節活動與農村社會企業，結合農業、旅遊與藝文，創造長期就業與外來移居人口。

2. 失敗案例：中部某小鎮老街活化專案

短期補助設攤與打卡景點，未與在地生產鏈連動，導致「活動結束人就走」，回歸原本蕭條狀態。

關鍵差別在於：是否從在地資源出發、是否有制度延續與市場接軌機制。

第六節　地方創生政策與人口流失的經濟解方

人才返鄉的障礙與誘因

根據多項青年調查研究，實際考慮返鄉的人數比例偏低，不到兩成，主要障礙包括：

- 缺乏穩定收入機會
- 對家鄉未來發展缺乏信心
- 缺乏適合人才投入的空間（如育兒、文化生活、夥伴網絡）

相對地，願意返鄉者則重視：

- 有意義的生活型態與工作內容
- 當地人對返鄉者的接納與支持
- 地方政府或團體提供的創業協助與資源串連

政策建議：從補助邏輯轉向生態建構

（1）長期融資與在地基金建立：如社區發展信託基金、地方創投基金，引導永續投資而非短期補貼。

（2）土地制度鬆綁與彈性運用：鬆綁農業設施、空間用途規範，讓創業與創新有空間落實。

（3）地方教育與產業連結：鼓勵技職教育與地方企業合作，培育在地人才即就業。

（4）建立返鄉人才支持系統：如育兒支援、青年交流平臺、實習媒合機制。

第九章　經濟與生活怎麼交錯？—社會結構與日常經濟的內外圈

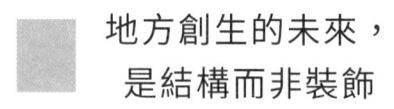

■ 地方創生的未來，是結構而非裝飾 ■

人口外流並非地方本身的錯，而是國家發展過度集中化的結果。真正的創生，必須從「地方有能力自主發展」的制度設計做起。

唯有將地方視為治理主體、生活共同體與創新場域，而非資源輸送的邊陲單位，才能真正擺脫短期政績導向與口號治國的循環。地方的未來，不靠回憶，而靠制度、信任與長期累積的經濟實力。

第七節　社會企業的雙重價值創造與困境

「想要賺錢，就不能理想；想要改變社會，就只能募款？」這樣的兩難，長期困擾著臺灣的社會企業。在強調市場效率與永續發展的當代經濟環境中，社會企業成為政府與民間共同寄望的創新解方，特別是在高齡化、貧富差距與環境永續等議題上，社會企業常被視為公共治理與商業營運之間的橋梁。

但事實上，社會企業要同時實現「經濟獲利」與「社會使命」這兩條價值主軸，往往面臨制度空白、市場壓力與評價模糊的多重挑戰。

▰▰ 社會企業的定義與臺灣實況 ▰▰

社會企業通常指透過市場機制解決社會問題的營利性組織，特徵包含：
- 明確的社會使命（如環保、教育、醫療、就業輔導等）

第七節　社會企業的雙重價值創造與困境

- 以營利維持營運而非完全依賴補助
- 盈餘再投入社會目的而非完全分配股東

根據行政院社會創新平臺所推行的 Social Innovation Action Plan 2.0 (2023-2026)，截至 2023 年 6 月，社會創新組織登錄數量超過 841 家，另有約 184 家符合條件的「支持型合作組織」。這些機構領域多涵蓋長照、偏鄉教育、環境再生、食品安全與社會服務等，雖已具一定規模，但整體仍傾向小型、資本有限、以計畫補助為主之組織形式。

雙重價值的創造模式

社會企業成功的關鍵在於「雙重價值」的創造能力，即：

- 在社會層面解決問題（如：提供身心障礙者就業）
- 在市場層面創造可持續商業模式（如：設計商品具市場競爭力）

例如：

- 喜憨兒基金會庇護工場：透過烘焙與簡餐品牌，讓心智障礙青年參與生產，並創造穩定營收
- REnato Lab 再造實驗室：以循環經濟為理念，販售再製家具與提供修繕課程，將廢棄物轉為教育資源與商品

這些案例證明，只要設計得當，社會企業可以達成「解決問題也能養活自己」的雙重目的。

第九章　經濟與生活怎麼交錯？—社會結構與日常經濟的內外圈

經營困境與制度缺口

儘管願景動人，實際運作中卻常見以下問題：

- 財務壓力與成長瓶頸：由於同時追求影響力與獲利，資金來源與商業邏輯常發生衝突
- 市場信任與辨識困難：消費者難以辨識企業是否真有社會使命，社企品牌機制尚未完善
- 法規定位模糊：臺灣尚無社會企業專法，導致企業在營利公司與公益法人間游移，影響投資、捐贈與稅務規劃
- 人才難尋：需具備社會敏感度又懂市場經營的人才稀缺

社會價值衡量的挑戰

相對於財務報表的明確可計算，社會影響力常難以量化。多數社企難以向投資人、政府或社會說清楚：「我們的社會效益是什麼？」

目前國際常用的工具如 SROI（社會報酬率）、社會影響評估（Social Impact Assessment）等，尚未全面普及，相關應用多集中於特定計畫或輔導機構，缺乏主流化。缺乏統一標準也讓政策資源分配與投資決策缺乏依據。

國際對比與可借鏡做法

(1) 英國：設立社會企業辦公室，提供融資平臺、認證制度與法規支援。

(2) 韓國：有《社會企業促進法》，提供租金減免、稅賦優惠與人才媒合平臺。

(3) 日本：導入地方創生與社企相連結的合作基金，結合社區與企業共創模式。

臺灣目前雖有社會創新平臺與創業補助，仍多停留在初創階段與實驗模式，缺乏制度性的長期支撐。

未來政策建議：讓社企走得穩、走得久

(1) 建立社會企業認證與法制定位：參考國際經驗，訂定清楚的資格與支持機制。

(2) 發展社會影響評估系統：培養專業人才，建立衡量工具與公開報告平臺。

(3) 鼓勵社會投資基金設立：引導民間資本投入兼具社會與財務報酬的專案。

(4) 教育推廣與跨領域培力：讓更多年輕人與創業者具備社會經營思維與實踐力。

解決問題的商業，不該是例外

社會企業不應只是特別的利他經營者，而是未來企業主流價值的一部分。當社會期待企業不只是創造利潤，更應回應社會責任，社會企業便提供了一個未來經濟的新典範。

打造一個讓理想與現實並行的市場環境，是政策、制度與消費者共同的責任。唯有讓「做好事的公司也能活得好」，社會企業才能真正成為這個時代的經濟解方。

第九章　經濟與生活怎麼交錯？—社會結構與日常經濟的內外圈

第八節　超高齡社會的消費市場變化

臺灣已正式進入高齡社會，根據國發會推估，2025 年 65 歲以上人口將占總人口超過 20%，正式跨入「超高齡社會」階段。與此同時，傳統對高齡者的消費印象正迅速改變：他們不再只是醫療與照護的需求者，而是具備財力、時間與自我實現意願的新消費主體。

「銀髮經濟」成為繼綠能、數位、健康產業後，被全球企業積極布局的新藍海市場。高齡人口對消費結構的影響，不僅改寫了產業策略與服務設計，也衝擊了整體社會的資源分配與代際公平議題。

高齡消費者的五大特色

1. 可支配所得穩定

雖財富分配不均，但仍有相當比例的高齡者具備消費潛力，特別是戰後嬰兒潮退休族群。

2. 健康與自主導向

比起「被照顧」，更多高齡者關注「健康老化」、「延緩失能」與「活躍老年」的選擇權。

3. 消費行為慎重且重視信任

偏好有口碑的品牌與長期合作的服務，對廣告影響敏感度低，重視人際關係與服務細節。

4. 時間彈性高

可避開人潮、參與平日活動，形成「非高峰型消費時段」的新市場區隔。

5. 數位學習能力上升

疫情加速熟齡族的數位轉型，如 LINE 購物、遠距醫療與線上學習皆快速普及。

銀髮經濟的產業版圖

（1）健康照護產業：包括預防醫學、保健食品、輔具設計、復健科技與慢性病管理平臺。

（2）長照與生活支援服務：如日照中心、居家照顧、社區支持網絡與高齡居住改造。

（3）旅遊與休閒活動：銀髮專屬團體旅遊、文化走讀課程與低強度健走路線設計。

（4）熟齡金融商品：退休金信託、年金保險、遺產規劃與長壽風險管理產品。

（5）數位工具與媒體內容：設計友善介面、放大字型、簡化操作流程的 App，以及符合熟齡心智模式的影音平臺與教育課程。

市場挑戰與倫理風險

在銀髮市場擴張的同時，也必須警覺以下風險：

- 「老年剝削」的商業操作：部分產品以虛假療效、誇大行銷吸引高齡者，甚至出現親屬關係的財務爭議。
- 排除性設計問題：部分科技產品未考慮高齡者需求，導致科技反成為阻礙，而非輔助。

第九章　經濟與生活怎麼交錯？—社會結構與日常經濟的內外圈

- 資訊落差與金融弱勢：高齡者接收資訊方式與理解速度不同，常因不熟悉合約或平臺操作而受騙。

公共政策的角色轉變

政府應從「高齡照顧」的單一角色，轉型為「高齡生活支持」的多元治理者。可考慮的政策方向包括：

- 建立高齡友善產品認證機制：如「銀髮標章」，提高市場信任與品質控管。
- 整合長照、健康與社會參與平臺：不只治療失能，也要促進自立生活與社會網絡重建。
- 推動代間共創機制：如青年與高齡者共同創業、教學或生活社群，強化跨代互動與資源互補。
- 數位平權與熟齡學習資源：設立地區性「銀髮數位教室」，降低科技隔閡。

結構性轉型與未來想像

隨著臺灣人口老化結構已不可逆轉，銀髮市場將不再只是利基，而是常態。企業、政府與社會若無法重新定義高齡者的社會角色，僅以「照顧」為政策核心，恐難回應需求與激發潛能。

高齡不等於脆弱，退休不代表消費終止，而是另一段生活與價值再創造的開始。面對超高齡社會，我們需要的不只是更多的醫院與安養中心，而是一整套以「人」為本的市場與制度設計思維。

第十章

明天的錢會怎麼流？
——趨勢、科技與經濟未來

第十章　明天的錢會怎麼流？―趨勢、科技與經濟未來

第一節　AI 如何改寫產業鏈？從製造到客服

人工智慧（Artificial Intelligence, AI）已從實驗室走入日常生活，從聊天機器人、智慧語音到企業營運系統，自動化與演算法驅動的經濟模式，正逐步重塑我們對產業鏈運作的想像。

AI 並不僅是一項工具，它正在改變「生產是怎麼被決定的」、「價值是怎麼被創造的」、「工作是怎麼被分配的」三大問題。從製造業、客服業，到金融、物流、教育與法律等白領產業，AI 已經不再只是協助者，而是主導工作流程與商業策略的核心角色。

製造業的智慧轉型：從人力密集到感知決策

AI 技術在製造業的應用，已從早期的機器視覺與自動控制，進化為全面的感知分析與預測維護系統。例如：

- 智慧感測器協助機械自主調整運作參數，提升生產效率與良率
- AI 演算法分析歷史故障數據，提前預測機臺維修時點，降低停工損失
- 整合 ERP 與供應鏈系統，實現「即時調度」與「彈性製造」

客服與服務業的重構：語意辨識與行為預測

AI 在客服與服務業的應用，不再只是語音應答或 FAQ 分類，而是開始取代人類進行「情境式應對」與「個人化回覆」。例如：

- 電商平臺運用語意分析工具理解客戶問題，主動推薦解法
- 金融機構導入 AI 客服，提供 24 小時即時諮詢與風險提醒
- 醫療機構運用 AI 初步判讀病患描述，協助掛號分流與候診安排

上班族的挑戰與再定義

AI 對中高知識勞動的衝擊正在擴大，包括法務文件審查、財報生成、行銷文案撰寫與資料彙整，皆可由大型語言模型（如 GPT 系列）或專業機器學習模型自動完成。

這代表未來上班族不再靠知識記憶與資料蒐整為主，而是更重視：「如何問對問題」、「如何驗證答案」、「如何使用 AI 協作」。AI 使知識平權，也迫使專業者從技能執行者，轉型為判斷力與創造力的提供者。

AI 與產業鏈重構的四大路徑

（1）去中介化（Disintermediation）：企業可直接接觸消費者與供應商，透過 AI 精準匹配需求與供給。

（2）自動決策化（Autonomous Decision Making）：AI 可在無人干預下完成定價、調度與維修決策。

第十章　明天的錢會怎麼流？—趨勢、科技與經濟未來

(3) 資料即資產（Data as Capital）：企業資料庫成為新資產，掌握消費者偏好即是價值創造核心。

(4) 模組化與平臺化：產業鏈不再固定，而是以平臺為核心結合不同模組的彈性生產。

社會與倫理的回應挑戰

在 AI 大規模進入產業運作後，也伴隨一連串社會問題：

- 工作流失與再就業不對等：中低技能者失業風險高，但再訓練與轉職資源不足
- 隱私與決策透明：AI 如何蒐集資料、做出判斷的過程，欠缺可視性與解釋性
- 資本與資料集中：大型科技企業透過資料優勢壟斷產業，弱化中小企業與創新者空間

臺灣的定位與產業對策

臺灣在晶片製造與資通訊硬體擁有全球競爭力，但在 AI 軟體應用與平臺經濟方面仍相對弱勢。

未來應加強：

- 建立 AI 公用平臺與資料共享機制，協助中小企業加速導入
- 推動「人機協作職業」再設計與教育體系轉型，強化跨領域數位素養
- 強化 AI 倫理法規建構與透明機制，保障消費者與勞工權益

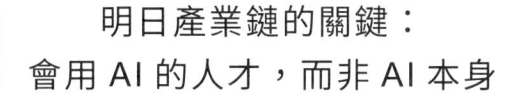

明日產業鏈的關鍵：
會用 AI 的人才，而非 AI 本身

AI 會不會取代你的工作？答案可能是：「會被會用 AI 的人取代。」

未來產業鏈的競爭，不在於誰擁有最多機器，而在於誰能最有效地設計問題、整合資料、驗證結果與落實應用。AI 不是終點，而是新的起跑點。

AI 所重塑的經濟版圖，將不只影響就業與產業，更將重寫「人」在價值鏈中的角色。關鍵不在於你會不會寫程式，而在於你是否準備好與智慧共舞。

第二節　氣候變遷與碳市場：碳權交易的經濟邏輯

氣候變遷不再只是科學或環境議題，更已成為重塑全球經濟與財政制度的關鍵力量。從碳稅、碳交易到綠色金融，國際間的政策趨勢已逐步由「道德號召」轉向「市場機制」。在這個變化下，「碳權」成為一種全新的經濟資源與金融商品，對企業、政府與個人都產生深遠影響。

臺灣也不例外。自《氣候變遷因應法》修正通過後，規劃建立自願性碳交易平臺，並預計於 2025 年起課徵碳費。企業的碳排放不再只是環保指標，而是一種具有價格、可交易，甚至左右競爭力的新型資產。

第十章　明天的錢會怎麼流？—趨勢、科技與經濟未來

碳市場的基本運作邏輯

碳市場的核心在於「將汙染內部化」，也就是讓排放二氧化碳等溫室氣體的行為負擔實際成本。其常見機制有兩種：

- 碳稅（Carbon Tax）：政府針對每單位碳排放課徵固定稅率，以價格引導企業減碳行為
- 碳交易（Cap and Trade）：政府設定總排放上限，企業獲得排放額度，未用完者可轉售給其他企業，創造減排誘因

在碳交易機制中，若一企業能透過技術改善降低碳排放，就可將剩餘額度出售給碳排超標的企業，形成新的市場收入模式。

全球碳交易市場概況

根據世界銀行 2023 年報告，全球已有超過 60 個國家與地區建立碳訂價制度，其中歐盟碳交易系統（EU ETS）最具規模，單一碳價曾高達每噸 100 歐元。

亞洲地區方面：

- 中國大陸啟動全國碳交易平臺，主要涵蓋電力產業
- 韓國實施總量管制與交易制度，逐步擴大行業涵蓋面
- 新加坡以碳稅為主，強化跨國綠色金融合作

第二節　氣候變遷與碳市場：碳權交易的經濟邏輯

▰▰▰ 臺灣的制度規劃與挑戰 ▰▰▰

臺灣《氣候變遷因應法》規定：

- 未來將對排放量超過一定門檻的企業課徵「碳費」
- 碳費收取後專款專用，投入綠色轉型與弱勢支持
- 預計建立自願減量交易平臺，並與國際碳市場接軌

但挑戰也不少：

- 排放資料不足與品質不一：目前碳盤查與揭露制度尚未全面落實，對建立公平市場機制構成挑戰。
- 中小企業負擔過重風險：若缺乏轉型資源，恐加劇產業兩極化
- 碳權價格波動性大：缺乏穩定市場規則恐導致炒作與擾動

▰▰▰ 企業如何應對碳經濟時代？ ▰▰▰

面對碳訂價機制，企業可採以下策略：

- 碳盤查與碳揭露：建立完整的碳足跡盤點與公開報告制度，是參與碳市場的基本門票
- 設置內部碳價（Internal Carbon Pricing）：提前內部化排碳成本，有助於投資決策與資源分配
- 投資低碳技術與轉型設備：如節能機械、綠電採購、循環生產設計等
- 參與碳權交易或購買碳抵換：如國際認證碳權（VCS、Gold Standard）等，用以抵銷部分排放量

第十章　明天的錢會怎麼流？──趨勢、科技與經濟未來

綠色金融與投資者壓力同步上升

越來越多投資機構要求企業進行 ESG 揭露，特別關注氣候風險與減碳成效。國際資本市場已逐步將「碳表現」納入評價標準，對未能有效管理碳風險的企業給予降評與資金撤出。

例如：

- 全球最大資產管理公司貝萊德（BlackRock）持續提高對企業氣候揭露的要求
- 永續債券與綠色 ETF 吸引資金快速流入

這代表「碳」不僅是企業內部的營運成本，更是外部資金成本的衡量因子。

臺灣的轉機與契機

臺灣雖非《巴黎協定》簽署方，但出口導向型經濟高度依賴國際供應鏈，特別是歐盟碳邊境調整機制（CBAM）將於 2026 年全面上路，臺灣企業若無碳管理能力，恐遭受關稅制裁與訂單流失風險。

相反地，若能提前建立低碳優勢與碳金融能量，臺灣企業亦可扮演綠色供應鏈中的關鍵夥伴。

碳不只是排放，更是價值競爭的新起點

未來的企業競爭力，不再只是比產品與服務，而是比誰的碳排少、成本低、轉型快。碳市場的興起不是束縛，而是一個重新定義成長與效率的新標準。

碳的價格,是氣候變遷的訊號轉譯器,也是企業永續的壓力測試器。懂得面對碳,就懂得如何在未來的經濟結構中,站穩自己的位置。

第三節 再生能源與能源定價:電價政策的潛在變局

再生能源的快速擴張,正悄然重塑我們對「電」的理解。太陽光電、風力發電、儲能系統與分散式電網等新技術,挑戰的不只是發電方式,更是整套電價制度、補貼設計與產業結構的運作邏輯。

臺灣作為資源稀缺、進口能源高度依賴的島嶼經濟體,面對能源轉型不只是環保選擇,更是國安與產業韌性的核心問題。而電價的調整與設計,則成為再生能源進入主流後無法迴避的結構性議題。

再生能源崛起對電價結構的挑戰

傳統火力與核能發電具備穩定輸出、集中管理與邊際成本遞減特性,形成穩定且可預期的電價機制;而再生能源則高度依賴天候、不具儲存彈性,其特性導致:

- 供電不穩定性升高:導致尖峰時段電價波動擴大
- 儲能與備援成本上升:需大量投資儲能與備載容量,轉嫁到用電成本中
- 分散發電影響計價邏輯:傳統以大型機組為中心的「度電成本」無法反映實際系統成本

第十章　明天的錢會怎麼流？—趨勢、科技與經濟未來

以德國為例，2025 年第一季德國再生能源占電力消費 46.9％，但一般住戶電價卻居歐洲前段班，顯示「綠電並不保證便宜電」。

臺灣現行電價機制的矛盾與瓶頸

臺灣長期實施由政府主導的「單一電價體制」，透過台電統一發電、輸配與定價，形成下列特徵：

- 住宅用電交叉補貼工業用電：壓抑民生反彈卻扭曲市場訊號
- 電價凍漲政策：選舉考量主導調價時機，非依能源成本反應
- 再生能源收購與備轉成本未內部化：政策補貼由全民分攤，扭曲用戶選擇動機

根據 2023 年財政部與經濟部報告，2023 單年度虧損約 198.5 億元，累積虧損約 382～422 億元，反映出電價制度與能源轉型的嚴重錯位。

再生能源與動態電價的結合潛力

再生能源的發展迫使電價走向「動態化」、「區域化」與「時間化」：

- 動態電價（Real-time Pricing）：根據即時電力供需情況浮動計價，鼓勵用戶調整用電行為
- 時間電價（Time-of-Use Pricing）：將尖峰、離峰、半尖峰用電分別計價，內化儲能與調度成本
- 區域電價：反映不同地區的輸電成本與供需壓力，促進在地綠電生產與消費

第三節　再生能源與能源定價：電價政策的潛在變局

台電已於部分大型用戶試行時間電價，但全面推動仍面臨技術、法規與用戶接受度挑戰。

分散式發電與用戶參與的新模式

科技進步讓個人與企業可成為「產消者」(Prosumer)，即同時為發電者與用電者。例如：

- 住宅屋頂太陽能板結合家庭儲能系統，減少對主電網依賴
- 工廠設置風力或生質能源裝置，自行供電與盈餘售回
- 社區型微電網與能源共享平臺，建立區域電力自治機制

這類模式將挑戰中央集權式電力管理，也要求法規、稅制與電網基礎設施同步轉型。

政策方向與制度創新建議

(1) 建立成本導向的電價公式：將燃料、碳排、儲能與政策補貼成本全面透明化。

(2) 導入碳電價雙軌制度：結合碳定價與電價反映，引導高碳用戶轉型。

(3) 推動智慧電網與資料基礎建設：支援即時負載調度與動態計費所需之數據平臺。

(4) 設立再生能源平準基金：調節發電不穩定造成的價格波動與收購壓力。

第十章　明天的錢會怎麼流？—趨勢、科技與經濟未來

> 電價不只是帳單，
> 而是經濟結構的方向盤

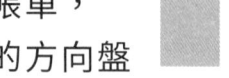

再生能源的普及，終將迫使我們面對「誰應該為電力的穩定與轉型成本買單」這個問題。

電價制度，不只是財務工具，而是對能源未來的價值選擇。唯有從補貼邏輯走向價格真實化、從集中壟斷邁向多元參與，電價才不再是政治議題的票房機器，而是公共治理的誠實帳本。

第四節　生技與個人化醫療的產業潛能與挑戰

當疾病診療逐漸從「對症治療」邁向「預測性照護」，生技與個人化醫療（Precision Medicine）正在掀起全球醫療產業的結構革命。透過基因定序、生物標記、人工智慧分析與客製化療程，醫療正變得更為精準、有效與符合個人差異。

在疫情之後，臺灣生技產業展現強勁的創新潛能與產值成長，然而，產業規模化與國際化仍受限於法規框架、資本市場與人才結構。本節旨在釐清個人化醫療的發展路徑、商業模式與制度挑戰，並對臺灣未來的定位提出反思。

第四節　生技與個人化醫療的產業潛能與挑戰

個人化醫療的技術基礎

個人化醫療結合了以下四大技術支柱：

- 基因組學與蛋白質體學：以 NGS（次世代定序）解析個人基因，掌握疾病風險與藥物反應差異
- AI 輔助診斷：透過演算法分析電子病歷、影像與大數據，提升診斷準確率與決策效率
- 生物標記篩檢：利用特定蛋白或分子指標進行早期偵測與疾病分類
- 客製化藥物與療法：針對特定基因變異開發標靶藥物、免疫治療或細胞療法

這些技術不僅提升醫療成效，更有助於控制成本與提升病人生活品質。

產業鏈與商業模式重構

個人化醫療打破傳統「單一藥品對所有人」的模式，改由「診斷＋療法」的整合服務主導價值創造。產業鏈包含：

- 檢測設備與試劑製造商（如 Illumina、Twist）
- 資料分析平臺與 AI 新創（如 Tempus、GRAIL）
- 藥廠與 CDMO（委託開發與製造）業者
- 醫院與健康管理機構

臺灣近年亦有如「基龍米克斯」等生技新創公司，以及中研院與多家醫學中心合作開發的精準醫療平臺，積極投入基因檢測、癌症預測與人工智慧健

第十章　明天的錢會怎麼流？—趨勢、科技與經濟未來

康資料分析應用，並致力於整合醫療院所與產學研網絡，推動跨領域整合與實證研究。

法規與倫理的灰色地帶

個人化醫療發展快速，但制度滯後現象明顯，面臨下列問題：

- 隱私與資料保護：基因資料屬高度敏感個資，法律監管尚未健全
- 醫療責任歸屬不明：AI 診斷或遠距治療導致誤診，責任歸屬尚無明確機制
- 健保體系未能因應：高價精準療法納入公費體系困難，引發公平性與可近性爭議

臺灣的機會與限制

臺灣具備以下優勢：

- 全民健保資料庫完整，具備 AI 與大數據應用潛力
- 醫療體系密集與研發人力充沛，臨床試驗效率高
- 生技園區與醫療院所合作緊密，研發能量集中

但同時也存在挑戰：

- 國內資本市場對早期生技投資偏好低，資金不足
- 缺乏跨域整合型人才，生技與 AI、資料分析融合不足
- 國際專利與認證制度繁複，限制新創輸出與合作

第四節　生技與個人化醫療的產業潛能與挑戰

政策建議：
讓醫療產業從創新走向實用

(1) 建立個人健康資料自主平臺：保障病患同意權與資料可攜性，促進資料應用與信任。

(2) 強化基因資料法規與倫理制度：比照歐盟 GDPR 與美國 HIPAA，引導業者合規發展。

(3) 推動「診療支付整合試辦計畫」：針對高風險疾病試行個人化療法公費補助與效益評估。

(4) 打造國家級生技＋AI 平臺：整合基因、生理、影像等跨域資料，吸引國際合作與創投。

醫療不只是治療，而是決策過程

個人化醫療的真義，不只是開發新藥與設備，而是讓每一個人都能參與、理解並掌握自己的健康選擇權。

從傳統醫療轉向以人為核心的產業模式，需要制度願意冒險、社會願意信任、產業願意共創。當醫療變得像個人化金融、像客製化旅遊一樣普遍時，我們才真正進入醫療經濟的未來時代。

第五節　混合辦公與全球人才移動的經濟後果

在疫情常態化與遠距科技成熟的雙重推動下,「混合辦公」(Hybrid Work)已從企業應變手段,轉變為新常態的組織模式。辦公室不再只是員工工作的場所,而成為公司文化、人才競爭與全球資源調度的戰略支點。

同時,全球人才移動也出現新面貌。部分高技術人才選擇回流本國、轉往生活成本較低的地區,企業則在不同國家設置「遠端據點」,以彈性招募、分散風險與壓低營運成本。這些變化已重新定義城市吸引力、勞動合約形式與國家競爭力邊界。

混合辦公的制度演變與市場回應

根據麥肯錫 2023 年全球調查,超過六成的企業導入某種形式的混合辦公制度,其中科技業、金融業與創意產業推動速度最快。常見模式包括：

- 固定週幾進辦公室,其餘時間居家
- 自由選擇工作地點與時間,由團隊共識管理
- 區域辦公室與共享工作空間取代總部集體進駐

一些臺灣知名企業亦嘗試彈性工時與遠距制度,並導入數位工具維繫協作與產能。部分企業更因應遠距需求,重新設計績效制度與信任文化。

第五節　混合辦公與全球人才移動的經濟後果

人才重新分配與區域經濟影響

人才的空間分布開始鬆動，出現下列趨勢：

- 大都市租屋需求下降：部分年輕人才選擇返回中南部或海外低稅區，以降低生活成本
- 新興城市吸引力提升：宜蘭、臺東、花蓮等城市因生活品質與遠距辦公友善政策，吸引科技人員移居
- 離岸工作興起：企業聘用菲律賓、越南或東歐人才進行客服、工程與設計工作，創造「全球工作但本地營運」的模式

這些變化也帶來新機會，如中部科技走廊出現「郊區共創空間」、花東地區出現「數位游牧聚落」，但同時也衝擊租稅基礎與地區間人才落差。

工作制度與組織文化的再調整

混合辦公打破「工作即時間」的傳統，要求組織在下列面向進行調整：

- 績效衡量由時數轉向成果導向
- 強化線上文化與歸屬感經營：如虛擬茶會、線上感謝牆與遠端團建活動
- 領導者須具備遠距管理能力與數位敏感度

部分企業也意識到「回辦壓力」可能造成員工流失，進而發展「混合共創空間」，如臺達電設置的多功能開放工作區、永豐金控的員工提案實驗室等。

政策角色：
從勞基法到人才政策的適應力

政府在面對混合辦公潮流時，需重新審視下列制度面：

- 勞基法適用彈性化：遠距與彈性工作時間如何界定工時與加班費
- 數位勞安與職業傷害認定：在家工作造成的健康問題是否納入保障範圍
- 人才移動與稅籍爭議：高所得人才海外工作但居住臺灣，稅務歸屬尚無共識
- 區域均衡與產業政策連動：鼓勵企業在中南部設置衛星辦公據點，促進區域就業與創業

混合辦公不是過渡，而是新常態

混合辦公並不只是疫情的產物，而是**數位化勞動市場的制度演化**。它不是回辦公室與否的選擇，而是如何「重新設計工作」的策略思維。

面對未來，企業、城市與國家競爭力，將不再只是拼基礎建設與工業區土地，而是比誰能夠吸引並留住分散式、跨國界、數位化的流動人才。

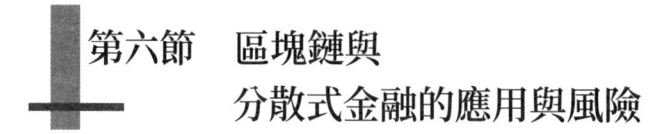

第六節　區塊鏈與
　　　　分散式金融的應用與風險

區塊鏈（Blockchain）與分散式金融（DeFi, Decentralized Finance）正在挑戰傳統金融體系的權力結構。透過去中心化、智慧合約與透明帳本的技術架

第六節　區塊鏈與分散式金融的應用與風險

構，DeFi 使得個人可以在沒有銀行或金融機構介入的情況下，進行借貸、交易、資產管理與保險等金融活動。

雖然 DeFi 展現高度創新與潛力，但其市場波動性、駭客風險與法規模糊性也引發全球關注。本節將從技術與制度角度，分析 DeFi 對經濟體系的衝擊與臺灣在此波潮流中的應對空間。

區塊鏈與 DeFi 的基本架構

區塊鏈是由去中心化節點共同維護的分散帳本系統，其特性包括：不可篡改、透明可查、點對點記錄。DeFi 則在此基礎上，透過智慧合約建立金融服務平臺，實現：

- 去中介化：免除銀行與仲介，降低交易成本與時間延遲
- 可組合性：多個 DeFi 協議可互相串聯，創造複合金融商品
- 自動化執行：透過程式碼自動履行合約條款，提高效率與安全性

常見 DeFi 應用如：Uniswap（去中心化交易所）、Aave（加密貨幣借貸）、Compound（利率市場）等。

機會與創新：金融普惠與資產重組

DeFi 最被期待的潛力在於促進「金融普惠」——讓未被傳統金融納入的群體擁有基本金融服務。

- 無銀行帳戶者可持錢包上鏈借貸或儲蓄
- 跨境支付快速且低手續費

第十章　明天的錢會怎麼流？—趨勢、科技與經濟未來

- NFT、代幣化資產作為新型抵押品或交易媒介

此外，企業也可透過區塊鏈進行供應鏈金融、票據追蹤與智慧合約採購，提升透明度與風險控管能力。

風險與挑戰：技術、法律與治理難題

（1）合約漏洞與駭客風險：如 2022 年 Wormhole 被盜 3 億美元、Ronin Network 被攻擊 6 億美元等事件，顯示智慧合約安全仍為致命弱點。

（2）無 KYC 導致洗錢與詐騙：去中心化本質雖保護隱私，也使不法資金更難追蹤。

（3）價格波動性極高：治理代幣（如 UNI、COMP）或穩定幣（如 UST）皆曾出現崩盤危機。

（4）缺乏監管框架：各國對 DeFi 定義不一，監管機關角色模糊，投資人保障薄弱。

臺灣的現況與政策空間

臺灣已有部分新創公司投入區塊鏈金融應用，如 XREX 專注於新興市場匯兌服務，Blocto 發展跨鏈錢包與 NFT 應用，展現軟體技術潛能。但整體監管環境仍處於觀望與試探階段。

金管會設立「監理沙盒」試行創新應用，惟對去中心化技術態度較為保守；加密資產歸類為「虛擬通貨」，但 DeFi 平臺未納入監管，導致業者缺乏合規指引，投資人風險自負。

第六節　區塊鏈與分散式金融的應用與風險

未來建議方向包括：
- 建立區塊鏈專法或納入現行金控法系：定義 DeFi 平臺角色與責任
- 推動自律公會與評級機制：促進產業標準化與資訊透明
- 發展官方穩定幣（如 CBDC）與私人穩定幣並存制度
- 設立智慧合約安全稽核機制與補償基金

重新定義金融的意義與邊界

區塊鏈與 DeFi 不是終結銀行，而是重新定義什麼是「信任」與「價值交換」的最小單位。未來的金融系統可能不再由單一機構主導，而是由分布式網絡自我治理。

在科技創新與制度更新之間，如何平衡效率與穩定、自由與保護，將決定我們是否能善用這場金融技術革命，為更多人打開經濟參與的大門。

第七節　青年創業與資金取得的結構障礙

近年來「創業」成為許多年輕世代尋求經濟自主與實現理想的重要選項，然而，在現實制度與資源架構中，青年創業往往面臨資金取得不易、網絡資源稀缺、貸款條件嚴格等多重結構性障礙，使得創意難以落地、理念無法轉化為永續經營。

這一節將從青年創業的資金取得切入，分析其面臨的結構困境與制度瓶頸，並討論臺灣在創業金融支持系統、募資環境與政策設計上可以如何更進一步完善。

第十章　明天的錢會怎麼流？—趨勢、科技與經濟未來

青年創業的資金來源斷層

對於多數青年創業者而言，初期資金主要仰賴以下管道：

- 家人親友借貸：無利息但風險高度集中於私人關係
- 銀行中小企業貸款：門檻高，需擔保與良好信用紀錄，對剛畢業或尚無營收紀錄者極為困難
- 政府創業補助與競賽：資源有限，申請流程繁瑣且競爭激烈
- 群眾募資：雖為新興管道，但平臺操作與行銷需求高，非所有產業適用

根據國發會 2023 年報告，臺灣青年（20～35 歲）創業者中，僅 12% 能取得商業貸款，且多集中在科技與電商領域，傳產、社會創業、文化產業更難獲得金融支持。

結構性門檻的多重疊加

除了資金取得難，青年創業還面臨以下結構障礙：

- 資訊不對稱與網絡劣勢：缺乏接觸投資人、天使資本或企業資源的機會
- 無經驗風險評估偏見：金融機構對青年團隊常存有「不成熟」偏見，導致貸放意願偏低
- 資本集中與資金偏好集中於熟人圈：風投與民間投資偏好熟人引薦與可驗證模式，新創團隊常被排除在外
- 地方創業資源不足：北中南與東部的創業資源嚴重不均，都市青創者享有相對多元的孵化平臺與輔導機制

第六節　區塊鏈與分散式金融的應用與風險

政府資源與制度支持的落差

雖然政府推出青年創業貸款、創新創業激勵計畫（SBIR）、中小企業信保基金等機制，但實務中仍有以下問題：

- 貸款額度與風險承擔不足：金融機構仍對高風險新創保守，信保機制難以全面擔保
- 輔導制度重形式輕內容：諮詢或輔導內容過度制式化，難以對接市場實務
- 過度集中於科技新創：社會企業、文化創業、環境永續等非科技導向的青年創業，政策工具仍顯不足

他山之石：國際案例啟示

以芬蘭為例，其政府提供創業基本收入計畫，允許青年在創業初期仍能獲得生活支持；法國推出創業失敗保險，降低青年承擔風險的心理壓力；新加坡設立「創業通行證」（Startup SG Founder），結合資金、導師與市場資源整合，提升成功率。

臺灣的政策建議路徑

1. 擴大創業信保機制適用範圍與風險承擔比例

　　針對首次創業青年提供更高比例擔保，降低銀行保守貸放風險。

2. 設立青年創業生活基本保障津貼

　　創業初期提供基本生活支持，減輕壓力、避免過早放棄。

第十章　明天的錢會怎麼流？—趨勢、科技與經濟未來

3. 推動「社會創業基金」

針對非營利導向或社會影響型新創設計專屬募資與融資平臺。

4. 建立在地創業共創空間與地方創業基金

補足區域差距，讓東部與離島青年也能接軌資源與市場。

■ 創業不是特權，是世代經濟參與權 ■

青年創業不該只是少數人的冒險，而應是世代公平經濟參與的一環。當創意能被鼓勵、資金能被承擔、風險能被分擔，青年才不會只在講座上創業、計畫書裡創業，而能真正地在土地上、在現實中，把願景變成永續事業。

第八節　新價值的生成機制：信任、社群與文化資本

在資訊爆炸、信任流失的時代，價值不再僅由資本、技術與生產力所定義，而是越來越多地建立在信任網絡、社群關係與文化認同之上。這種由「軟性連結」驅動的價值生成，正在顛覆傳統經濟學對價值的計量方式，也改寫了企業、品牌與個人之間的互動邏輯。

本節將探討三種新興的價值生成力量 —— 信任、社群與文化資本，並說明它們如何在數位經濟時代中構成新的經濟資源與競爭基礎。

第八節　新價值的生成機制：信任、社群與文化資本

信任作為稀缺資源

信任原本是人際關係的潤滑劑，如今卻成為平臺經濟與消費行為的核心資產。無論是使用 Uber 叫車、在蝦皮上交易，或透過 Airbnb 租屋，使用者的每一次選擇都建立在對陌生人、平臺與演算法的「可計算信任」上。

這種信任來源於：

- 公開透明的評價系統
- 雙向機制與風險共擔制度
- 演算法中的信任排序機制（如排名與推薦）

企業若能長期維持高信任指數，將在競爭中獲得難以複製的忠誠與口碑資本。

社群作為價值放大器

傳統品牌的價值建立在廣告與分眾溝通，如今則逐漸讓位於「社群主導」的擴散邏輯。社群不僅是消費者聚集地，更是價值共創的場域：

- 粉絲參與產品設計：如服飾品牌以社群投票決定樣式上架順序
- 內容驅動商機：創作者經濟的興起使內容本身成為價值中心
- 社會認同與文化語言的內建：如 MeWe、Discord 等社群平臺不只是交流管道，更成為價值共識的生成器

社群強調的不是消費者角色，而是參與者身分。參與者愈深，品牌黏著度與轉換價值愈高。

第十章　明天的錢會怎麼流？—趨勢、科技與經濟未來

文化資本的隱形競爭力

法國社會學家布赫迪厄（Pierre Bourdieu）曾指出，文化資本是經濟階層與社會再製的關鍵資源之一。在今日，它也日漸成為品牌與平臺的差異化利器。

- 語言風格、視覺設計與敘事風格構成文化認同邊界
- 品牌的歷史感、價值取向與社會參與成為認同連結的核心
- 使用某個品牌或參與某個平臺，等於表態一種文化立場

例如：精品品牌不僅賣物品，更賣出品味與品格的象徵；Netflix、Nike等品牌則藉由支持特定議題與族群，強化其文化身分。

新價值生成的風險與盲點

儘管這些新價值生成機制帶來大量創新與參與，但亦隱含幾項風險：

- 信任泡沫化：演算法造假、評價灌水等問題導致信任破產
- 社群排他性擴大：群體內部強連結可能轉化為對外部的隔離與排擠
- 文化資本的階級再製：使用特定語言、圖像與象徵的文化辨識標誌，可能再次劃出社會階級分野

臺灣的機會與文化資源優勢

臺灣社會高度網絡化、社群活躍，兼具多元文化融合背景，是發展新價值機制的沃土。

第八節　新價值的生成機制：信任、社群與文化資本

- 社群創作能量強：Podcast、YouTube 創作者密度高，內容參與者活絡
- 地方文化資產豐富：各縣市擁有獨特文化敘事與節慶資源，可轉化為社群與文化資本
- 對公共議題有高度參與意願：環保、性平、民主等議題成為年輕族群的參與場域，也創造文化能量與價值辨識力

價值的未來在於「關係生產」

未來的價值，不再只是生產出什麼，而是「關係是如何被生產出來的」。當信任變成貨幣、社群成為市場、文化成為槓桿，新一代的經濟邏輯也悄然成形。

這是一場從「擁有資產」到「創造連結」的結構轉移，是一種基於參與、共享與認同的新價值形塑邏輯。掌握它，不只是企業的生存關鍵，更是社會前進的文化引擎。

國家圖書館出版品預行編目資料

你不是月光，是被割光：薪水追不上物價、投資踩雷不敢動？先搞懂錢怎麼玩你，才有機會翻身！/ 崔英勝 著 . -- 第一版 . -- 臺北市 : 策點文化事業有限公司 , 2025.09
面； 公分
ISBN 978-626-99845-3-4(平裝)
1.CST: 經濟學 2.CST: 通俗作品
550　　　114011662

你不是月光，是被割光：薪水追不上物價、投資踩雷不敢動？先搞懂錢怎麼玩你，才有機會翻身！

作　　　者：崔英勝
發　行　人：黃振庭
出　版　者：策點文化事業有限公司
發　行　者：策點文化事業有限公司
E - m a i l：sonbookservice@gmail.com
粉　絲　頁：https://www.facebook.com/sonbookss/
網　　　址：https://sonbook.net/
地　　　址：台北市中正區重慶南路一段 61 號 8 樓
8F., No.61, Sec. 1, Chongqing S. Rd., Zhongzheng Dist., Taipei City 100, Taiwan
電　　　話：(02) 2370-3310　傳　　　真：(02) 2388-1990
印　　　刷：京峯數位服務有限公司
律師顧問：廣華律師事務所 張珮琦律師
經　銷　商：知遠文化事業有限公司
地　　　址：新北市深坑區北深路三段 155 巷 25 號 5 樓
電　　　話：02-2664-8800
傳　　　真：02-2664-8801
香港經銷：豐達出版發行有限公司
地　　　址：香港柴灣永泰道 70 號柴灣工業城第 2 期 1805 室
電　　　話：(852)21726533
傳　　　真：(852)21724355

-版權聲明

本書作者使用 AI 協作，若有其他相關權利及授權需求請與本公司聯繫。
未經書面許可，不得複製、發行。

定　　價：420 元
發行日期：2025 年 09 月第一版